당신을 이어 말한다

당신을 이어 말한다

잃어버린 말을 되찾고 새로운 물결을 만드는
글쓰기, 말하기, 연대하기

ⓒ이길보라, 2021 Printed in Seoul, Korea

초판 1쇄 펴낸날 2021년 5월 20일
초판 2쇄 펴낸날 2021년 6월 10일

지은이	이길보라
펴낸이	한성봉
편집	하명성·신종우·최창문·이종석·이동현·김학제·신소윤·조연주
콘텐츠제작	안상준
디자인	김현중·정명희
마케팅	박신용·오주형·강은혜·박민지
경영지원	국지연·강지선
펴낸곳	도서출판 동아시아
등록	1998년 3월 5일 제1998-000243호
주소	서울시 중구 퇴계로 30길 15-8 [필동1가 26] 무석빌딩 2층
페이스북	www.facebook.com/dongasiabooks
인스타그램	www.instagram.com/dongasiabook
전자우편	dongasiabook@naver.com
블로그	blog.naver.com/dongasiabook
전화	02) 757-9724, 5
팩스	02) 757-9726

ISBN 978-89-6262-371-0 03330

※ 잘못된 책은 구입하신 서점에서 바꿔드립니다.

만든 사람들

책임편집	조유나
크로스교열	안상준
디자인	김현중

당신을
이어

잃어버린 말을 되찾고
새로운 물결을 만드는
글쓰기, 말하기, 연대하기

말한다

이길보라 지음

동아시아

당신을
이어,

엄마와 함께 동생의 옷을 사러 갔다. 엄마는 매장 이곳저곳을 돌아보며 동생의 몸에 옷을 대어봤다. 엄마가 엄지와 검지를 펴 오른쪽으로 향하게 움직이며 눈을 동그랗게 떴다. '크다'라는 수어였다. 나는 통역했다.

"더 큰 사이즈 있냐는데요."

아저씨가 말했다.

"마네킹이 입은 게 한 치수 더 큰 건데요. 벗기면 다시 입히기 어렵거든요. 정말로 사실 거면 벗겨드릴게요."

엄마는 입어봐야 알 수 있다며 고개를 끄덕였다. 나는 다시 한번 손으로 말했다.

"입으면 사야 된대. 알겠어?"

엄마는 봐야 한다고, 보지 않으면 모른다고 했다. 벗긴 티셔츠를 동생에게 입혔다. 조금 애매한 사이즈였다.

"아닌 것 같지?"

엄마는 오른손을 내저었다. 안 하겠다는 뜻이었다. 동의했지만 곤란했다. 안 사겠다는 말을 내가 해야 했기 때문이다. 겨우 입을 열었다.

"사이즈가 맞지 않아서 안 사겠다고 하는데요."

"번거로우니까 사실 거면 해드린다고 한 거잖아요."

엄마는 가자며 문 쪽으로 고개를 까딱했다. 나는 죄송하다며 고개를 숙였다.

"이럴까 봐 잘 생각해보라고 했잖아요!"

엄마는 동생의 손을 잡고 가게를 나서는 중이었고 나는 이러지도 저러지도 못했다. 이대로 따라 나가면 아저씨가 쫓아올까? 나랑 동생은 말은 할 수 있지만 싸우지는 못할 텐데. 아저씨가 하는 말을 전부 통역하면 엄마가 상처받지 않을까? 수많은 생각이 교차했다. 아저씨는 욕을 내뱉으며 소리를 질렀다. 나는 우리 집의 통역사였지만 모든 걸 통역할 수는 없었다. 두려움의 경험을 나누기에 동생은 어렸고, 엄마는 장애인 당사자였다. 사이즈가 맞지 않으니 사지 않는 건 당연한 거라며 엄마는 신경 쓰지 말라고 했지만 무서웠다. 그가 분풀이를 할까 봐 가슴 졸였다. 아주 오래 생각했다. 그가 우리를 무시한 것은 내가 어려서일까? 엄마가 장애인어서일까? 여성이어서일까? 만약 아빠가 있었더라면 그는 똑같은 태도를 보였을까?

20대 초반, 밤늦게 혼자 택시를 탔다. 잠깐 잠이 들었는데 남성 기사가 말했다.

"아가씨, 내가 어디로 갈 줄 알고 그렇게 잠을 자?"

등골이 서늘했다. 아무 말도 하지 못 하고 준비해둔 현금을 낸 후 택시에서 내렸다. 이런 일이 있었다고 하자 동생은 말했다.

"누나, 그런 일이 진짜로 일어나? 나는 택시에서 잠도 자고 결제도 카드로 하는데."

동생은 고개를 갸우뚱했다. 주변 여성들에게 묻자 무시당하고 협박당한 사례가 이어졌다. 입을 열기 전에는 그냥 그런 거라고 생각했다. 모두가 나 같은 경험을 한다고 생각했다. 그런데 말을 하고 나니 고개를 끄덕이는 사람과 그렇지 않은 사람으로 나뉘었다. 어째서 남동생의 경험과 나의 것이 이다지 다를까? 나와 다른 여성의 경험은 어떻게 이렇게도 같을까?

알고 싶었다. 그때의 폭력은 무엇이었는지. 엄마와 동생이 옆에 있었음에도 나는 왜 아무 말도 하지 못하고 끙끙 앓았는지, 택시 기사의 위협에 어떻게 대응했어야 했는지 궁금했다. 글을 썼고 책을 읽었다. 페미니즘을 만났고 여성으로서 살아왔던 경험에 언어가 생겼다. 농인 부모에게서 태어난 자녀를 일컫는 코다(CODA, Children of Deaf Adults의 약자)라는 단어를 알게 되자, 농인 부모와 살아왔던 일련의 경험이 언어를 얻었다. 장애학과 장애해방 서사를 접하며 "부모님이 청각장애인인데요" 하고 창피해했던 경험에 종지부를 찍고 자긍심을 갖게 되었다. '장애'를 만드는 건 장애인이 아니라 비장애인 중심 사회라는 걸 깨달았다. 성별, 젠더, 성정체성, 장애, 인종, 신분, 민족, 계급 등의 차별 유형이 별개로 존재하는 것이 아니라 서로 결합하여 영향을 미친다는 교차성 이론을 알게 되자 비로소 나의 경험을 정확하게 정의 내릴 수 있었다. 페미니즘과 장애학이라는 도구로 나의 경험을 경유하여 세상을 바라볼 수 있게 되었다. 분절된 이야기들이 한 줄기로 엮여 서사가 되었다. 찬란하고 유구한 장애와 페미니즘의 역사와 연결되었다. 세상이 완전히 다르게 보였다.

이 책은 가장 개인적인 것이 가장 정치적이라고 말하며 당신과 나의 서사를 중심에 둘 것을 제안한다. 페미니즘과 장애학을 도구 삼아 질문을 던짐으로써 새로운 세계를 만들어가자고 말한다.

1부에서는 기존의 세계와 개념을 나의 언어로 명명한다. 농인 부모에게서 태어나 수화언어를 배운 코다의 경험을 중심으로 세상을 읽어내고 정의한다. '나'라는 세상에 갇히지 않고 바깥과 어떻게 만날지를 고민하며 잃어버린 것들의 제자리를 찾자고 제안한다. 2부에서는 한국 사회에서 여성으로 살아왔던 경험을 페미니즘으로 읽어낸다. 주인공이 되지 못했던 말을 돌아보며 이것이 왜 말해지지 못했는지, 말해지면 왜 안 되는지 질문한다. 이제는 주인공이 되어야 할 언어와 개념을 새롭게 제시하고 선언한다. 3부에서는 지금 이곳에 서서 바라본 한국 사회의 모습과 그에 따른 질문이 실려 있다. 우리에게 필요한 주거권, 건강권, 노동권, 안전권에 대해 묻고 상상한다. 4부에서는 수어사용자이자 코다로서의 경험을 바탕으로 분명히 가능한 사회를 그려볼 것을 제시한다. 비장애인 중심으로 설계된 사회가 아닌, 장애인 세계를 만들어 나가자고 말한다. 글을 쓰고 영화를 만드는 창작자의 경험을 바탕으로 한 질문은 5부로 엮었다. 자신만의 방식으로 길을 만드는, 새로운 판을 제시하고 확장해내는 든든하고 멋진 동료들의 이야기가 펼쳐진다.

몇몇 매체에 연재했던 글을 바탕으로 새로 글을 더했다. 단행본 출간은 염두에 두지 않고 시기마다 필요하다고 여겨

썼던 글이었는데 사회비평서를 만들어보자며 편집자가 글을 해체하고 재구성했다. 몇 년 전에 썼던 글이라 이제는 유효하지 않을 거라 생각했지만 여전히 필요한 글이 많았다. 2020년 10월 정부가 형법상 '낙태죄'를 유지하되 임신 14주까지는 허용하는 법안을 입법예고하자, 2019년 4월 헌법재판소의 낙태죄에 대한 헌법불합치 결정으로 역사 속으로 사라졌던 낙태죄가 부활할 조짐을 보였다. 그때 《한겨레》는 2016년에 썼던 〈#나는_낙태했다〉 글을 포털의 언론사 화면에서 메인으로 끌어 올렸다. 많은 사람들이 동일한 해시태그를 달아 자신의 임신중지 경험을 공유했다. 몇 년 전에 쓴 글이 여전히 유효한 것을 보고 기뻤지만 동시에 씁쓸했다.

영화 제작도 그렇지만 책을 만드는 일 역시 협업의 과정으로 이루어진다. 조유나 편집자는 저자가 어디까지 쓸 수 있을지 방향을 제시하고, 어느 깊이까지 도달할 수 있을지 끌어주고 기다려주었다. 본문에도 등장하는 든든한 동료, 영화감독 김보라와 가수 이랑이 멋진 추천사를 써주었다. 칼럼을 써보지 않겠냐고 제안한 고경태 기자와 어떤 글이든 마다하지 않고 실어주었던 《한겨레》, 지면을 내어준 여러 매체가 있었기에 이 책을 쓸 수 있었다. 진심으로 감사의 말을 전한다.

나는 엄마를 바라보며 손으로 옹알이를 했다. 농인 부모로부터 수화언어를 배웠고 세상으로부터 음성언어를 배웠다. 이를 바탕으로 비장애인 중심 사회를 바라본다. 그렇게 세상을 마주할 것을 가르쳤던, 돌아서는 것이 아니라 정확하게 질문하기를 가르쳤던 부모가 있었기에 눈을 동그랗게 뜨고 묻는 사람이 되었다. 엄마가 옷가게 아저씨를 향해 "정말 이상한 사람이네. 신경 쓰지 말고 가자." 하고 동생과 나의 어깨를 감싸며 앞으로 걸었기에 그 폭력으로부터 벗어날 수 있었다. 엄마는 장애학과 페미니즘을 이론적으로 배운 적이 없지만 우리가 세상의 중심이 되어야 한다는 걸 알고 있었다. 당신으로부터 사랑과 용기를 가지고 나아가야 한다는 걸 배웠다. 지금부터 당신을 이어 말해보겠다.

2021년 5월

이길보라

차례

프롤로그: 당신을 이어, ✦ 5

1부   새로운 서사를 찾아서

더 많은 해방 서사를 ✦ 17

몸으로 다르게 듣기 ✦ 26

'나'의 바깥과 어떻게 만날까 ✦ 34

타인을 상상하는 노력 ✦ 45

스스로를 스스로 정의하기 ✦ 54

2부   주인공이 되지 못한 말들

선언이 필요한 일 ✦ 67

입으로 옮겨보고 발음되어야 할 것들 ✦ 80

여성에게 더 많은 마이크를 ✦ 88

우리는 이기고 있다 ✦ 94

3부   '필요함'의 목록들

우리에게 '잘 곳' 아닌 '살 곳'을 ✦ 103

보험을 왜 개인이 직접 설계해야 하죠 ✦ 109

혹시 주식 하세요 ✦ 119

우리 모두 '주치의'를 가질 순 없을까 ✦ 129

4부 **분명히 가능한 사회**

장애를 설명하지 않아도 되는 사회 ✦ 141

장애인 세계 만들기 ✦ 150

듣는 대신 볼 권리 ✦ 157

수어의 기호화에 반대한다 ✦ 174

도움을 주지 말자, 권리를 주자 ✦ 183

'진짜' 배리어 프리를 말해보자 ✦ 194

탈시설장애인당, '진짜' 정당이 되려면 ✦ 204

5부 **각자의 방식으로 모험하며 살아간다**

두 번째 영화, 찍을 수 있을까 ✦ 217

그는 왜 그렇게 말했던 걸까 ✦ 228

시도하고, 시도하고, 또 시도하고 ✦ 239

쓰고 그리고 찍고 노래하고 춤추며 ✦ 253

주 ✦ 267

1부

'들리지 않음'을 부끄러워하는 것이 아니라
내 말을 이해하지 못하는 세상이 부끄러워야 한다는
뻔뻔함을 지닌 엄마는 종종 그렇게 편협함을 부수어버렸다.

새로운
서사를
찾아서

─✦─
더 많은
해방 서사를

열다섯 살 때의 일이다. 선생님 호출을 받고 동급생 한 명, 3학년 선배 두 명과 함께 후원자를 만나는 자리에 교복 차림으로 불려 갔다. 후원자는 모교를 졸업하고 자수성가하여 큰 종이 회사를 운영하는 사람이었다. 회장님이라 부르면 된다고 했다. 어색하게 고개를 숙이며 감사하다고 말했다. 고등학교를 졸업할 때까지 정기적으로 후원을 받게 되었고, 다달이 10만 원이 통장에 입금되었다. 엄마는 내 이름으로 된 적금 통장을 개설했다. 10만 원씩 4년 넘게 모으면 목돈을 마련할 수 있을 거라고, 그걸로 하고 싶은 걸 하라고 했다. 여름에는 1박 2일 캠프 같은 것도 갔다. 그리 친하지 않은 동급생, 언니들과 시간을 보냈다. 공부 열심히 하고 부모님께 잘해야 한다는 말을 들었다. 후원자는 종이 회사에서 만든 수첩을 나눠주었다. 공손하게 두 손으로 받았다.

착한 장애인의 착한 딸

몇 년 후, 더 큰 세상을 둘러보기 위해 동남아시아 배낭여행을 떠나기로 했다. 고등학교를 자퇴하고 떠나는 8개월간의 여정에는 제법 큰돈이 필요했다. 사람들을 만나 여행 계획을 설명하며 지원금을 받기로 했다. 요즘 말로 크라우드 펀딩을 한 것인데, 그것만으로는 부족했다. 적금 통장이 생각났다. 300만 원 정도가 있었다. 이 돈에 펀딩 금액을 더하면 딱 맞을 것 같았다. 그런데 이래도 될까? 확신이 들지 않았다. 나 쓰라고, 필요한 곳에 사용하라고 준 돈이지만 '여행'을 가라고 준 돈은 아니지 않나? 이 여행이 단순한 관광도 아니고 여행을 통한 배움이니 괜찮지 않을까? 여러 생각이 교차했다. 떠나기 전, 회장님께 전화를 드렸고 어렵사리 말을 꺼냈다.

"학교를 그만두고 여행을 통해 세상을 만나보려고 해요. 8개월간 동남아시아를 여행할 예정이고요. 여행 계획서를 만들어 주변 사람들에게 후원도 받았습니다. 큰 공부가 될 것 같아요.”

“네가 부모를 보살펴야 하지 않냐. 여행은 무슨.”

전화와 후원은 단칼에 끊어졌다. 후원자는 나의 선택을 이해하지 못했다. 나 역시 그를 이해하지 못했고 어떤 여행인지 설명조차 들으려 하지 않던 그의 행동에 속상하고 화가 났다. 아무 말도 할 수 없었다. ‘죄책감’이라는 감정이 뒤따랐다. 원하는 곳 어디든 써도 된다며 조건 없는 후원을 해준 건 그였다. 그는 내가 ‘부모를 보살피는 장애인의 착한 자녀’가 될 것을 기대했고, 나는 그 기대를 저버렸다. 돌이켜보면 그건 장애 부모를 제대로 보살피지 않는다는 책망에 대한 죄책감이었다. 그가, 사회가 기대하는 ‘착하고 좋은 학생’, ‘장애 부모를 보살피는 착한 딸’의 역할을 수행하지 않기로 결정했기에 들은 비난이었다. 억울했지만 이 감정이 어디서부터 어떻게 왜 기인하는지 그때는 알지 못했다. 잘못된 행동인가 싶어 엄마에게 물었다. 다달이 모아왔던 후원금, 이렇게 써도 되는지. 엄마는 말했다.

“그건 네 자금이야. 대학 갈 때 쓰려고 들어놓은 적금이지만 필요하면 써야지.”

엄마의 말에 주저하지 않고 적금을 해지했다. 고등학교를 그만두고 여행을 떠났고, 그 선택은 내 인생을 바꿔놓았다.

길 위에서의 배움은 짜릿했다. 학교에서 하는 그 어떤 공부보다 풍성하고 다채로웠다. 인도, 네팔, 태국, 캄보디아, 베트남, 라오스, 중국, 티베트에서 NGO 단체를 둘러보고 봉사활동을 하며 여행했다. 길 위에서 만나는 모든 것이 학교가 되고 선생이 되었다. 길 위에서의 배움을 『길은 학교다』(2009)로 엮었다. 책에는 씨앗자금 삼을 수 있었던 후원금에 대해서도 언급했다. 당시에 대안교육 공간에서 만났던 누군가는 물었다.

"회장님께 여행 다녀오고 나서, 책 출간 후에 감사하다는 인사는 했니?"

제대로 된 답을 하지 못했다. 인사를 드리는 건 의무가 아니었지만 해야 하는 일 중 하나로 느껴졌다. 후원이 끊어지고 난 후 무언가 잘못한 것 같은 기분이 들었지만 왜 그런 기분을 느껴야 하는지 알 수 없었다. 후원금이 없었다면 여행 프로젝트는 불가능하거나 어려웠을 것이다. 감사 인사를 해야 마땅했다. 감사 인사 하는 거, 뭐 그리 어렵나. 후원해주신 덕분에 여행 프로젝트 잘 마칠 수 있었다고 큰 배움이었다고 말하면 되지 않나? 책도 나왔다고 선물로 보내드리겠다고 하면 되는데 그게 그렇게 어려울까? 생각만 하다 몇 년이 지났다. 이 불편한 감정이 무엇인지 알 수 없었다.

장애극복 서사가 아닌 장애해방 서사를

김원영 변호사의 책 『희망 대신 욕망』(2019)은 장애가 있는 몸과 함께 살아가며 자신의 삶을 있는 그대로 내보인다. 변호사이자 칼럼니스트이며 글을 쓰고 연기를 하는 저자의 장애해방 서사를 다룬 첫 책이다. 김원영은 골형성부전증으로 휠체어를 탄다. 장애인이 썼으니 눈물 펑펑 쏟을 거라 생각하며 장애극복 서사를 기대할 법하지만 내용은 전혀 그렇지 않다. 저자는 "우리는 누가 뭐래도 장애인이다. 그 어떤 낙인에도 불구하고 장애인은 장애인이다. 그래서 우리는 장애를 극복하려 애써 노력하지 않는다. 장애로 인한 차별을 극복하기 위해 노력할 뿐"이라고 말한다.

처음부터 그랬던 건 아니다. 김원영이 재활학교에 입학했을 때 그는 느려터진 재보다는 자신이 나은 장애인이라며 현실을 부정한다. 그러나 곧 깨닫는다. 재보다 나는 못하는 게 훨씬 많다는 걸, 창의적으로 협력하지 않으면 살아남을 수 없다는 걸. 그는 다른 장애를 가진 이들과의 생활을 통해 세상을 배워나간다. 대학이라는 공간에서 강의실에 들어설 수 있으려면 당장 눈앞에 있는 이 문턱을 없애고, 장애인인권운동에 뛰어들어 현실을 바꿔내야 한다는 걸 깨닫는다. 이는 자신의 장애를 받아들이고 외치는 문제였다. 김원영은 "나는 장애인이 맞다"라고 말한다. "그러나 내가 장애인이라는 사실과 '나는 장애인이다'라고 외치는 것은 전혀 다른 문제"라고 말하며, 이를 자각하고 말하고 쓰기까지의 과정을 진솔하게 기록한다.

> 장애인 인구는 공식적으로 2백만 명이 넘고, 비공식적으로는 전체 인구의 10퍼센트에 달할 것이라는 보고가 있다. 게다가 장애인의 범주는 확정적이지 않다. 장애와 건강한 몸의 구분은 그 자체가 모호하며 그 가운데에는 무수히 많은 몸의 상태가 존재한다. 그러므로 장애인 인권 운동은 사실 특정한 사회 집단의 인권에 대한 운동이라기보다는 취약한 몸, 불균형한 몸, 병약한 몸, 노화한 몸을 포함한 우리 모두의 일반적인 몸에 대한 새로운 권리를 확보하는 과정이다.
> – 김원영, 『희망 대신 욕망』, 151쪽.

장애인인권운동 현장이 없었더라면 '장애'를 변호사의 시각에서 권리로서 바라보고 해체하고 변호하는 사유는 불가능했을 것이라고 김원영은 말한다. 장애인 이동권 운동 현장에서 노들장애인야학 박경석 교장은 외친다.

"물러서지 맙시다. 지금 여기서 물러서면 또 집구석에서 수십 년씩 처박혀 살아야 합니다."

이 대목을 읽으며 내가 썼던 책 『반짝이는 박수 소리』 (2015)를 떠올렸다. 입술 대신 수어로 말하는 부모 아래서 자란 코다의 경험을 바탕으로 한 이 책은 나의 장애해방 서사를 다룬다. 나의 부모가 '손상'과 '결여'를 가진 '청각장애인'이 아니라 자신만의 고유한 수화언어(이하 '수어')와 농문화를 지닌 '농인'이라는 걸, 그들과 내가 풍성한 문화 속에서 자랐다는 걸 인정하자 더 큰 세상이 펼쳐졌다고 말하는 책이다. 이 책을 쓰기 전, 동명의 영화를 만들기 전에 더 많은 장애해방 서적을 읽을 수 있었다면 어땠을지 상상해본다. 농인 부모의 자녀로 자라면서 장애학은 커녕 장애해방 서사를 접한 적이 없다. 장애는 극복해야 하는 것이었고 장애인은 도움이 필요한 존재였다. 비장애인들은 미성년자인 내게 "부모를 잘 보살펴야 한다"라고 말했고 나는 성인인 부모에게 그 말을 통역해야 했다. 책과 TV를 비롯한 매체에서는 불쌍한 장애인이 나왔고 사람들은 눈물을 흘리며 말했다. "저렇게 힘겹게 사는데 우리도 열심히 살자." 정말이지 지겨웠다. 어딜 가나 장애극복 서사가 넘쳐났다. 조금, 외로웠다. 우리 부모는 나 없이도 살아왔는데, 나 없이 장도 보고 돈도 버는데, 도대체 왜. 이유를 알 수 없어 오래 헤매었다.

엄마와 아빠의 장애해방 서사를 꿈꾸며

그로부터 10년이 더 지난 지금, 이전에 나를 후원했던 후원자와 나를 돌아본다. 그는 장애인 부모와 함께 사는 자녀에게 기대하는 바가 있었다. 부모를 보살피고 봉양할 것, 무슨 일이 있더라도 부모님을 지킬 것. 나는 그러지 못했다. 부모는 자립적이고 독립적인 존재였다. 내가 그들의 보호자가 아니라 그들이 나의 보호자여야 했다. 실제로도 그랬다. 공부 잘하고 모범생이었던 '장애인의 착한 자녀' 역할에서 벗어나 '나'를 찾기 위한 여행을 떠났다. 이후 복학하지 않고 학교 밖에서 영화를 만들고 글을 썼다. 그가 기대했던 역할과 나의 실제 모습은 달랐다. 그의 기대를 나는 수행하기를 거부했다. 나는 그가 원하는 '장애 부모를 옆에서 보살피는 착한 딸'이 아니고, 앞으로도 그럴 것이다. 이를 인지하고 말하는 데에만 10년이 넘게 걸렸다.

언젠가 이 일을 회상하며 "감사하지만 동시에 가슴 아픈 일"이라고 말한 적이 있다. 가슴이 아픈 이유는 내가 '전통적 효녀' 역할을 수행하지 못했기 때문에, 그를 실망시켰기 때문이었다. 나는 왜 가슴이 아프고 죄책감을 느껴야 했을까? 장애인과 장애인 자녀에게 기대하는 것은, 장애인과 장애인 자녀가 수행해야 하는 것은 도대체 무엇일까?

부모의 장애를 긍정하고, 수어와 농문화를 받아들이고, '장애극복' 라벨을 떼고, 장애를 해방시켜야 한다고 말하기까지 몇십 년의 경험을 필요로 했다. 장애해방 서적을, 장애해방 서사를 일찍 접했더라면 다른 사유와 고민을 할 수 있지 않았을까? 좀 더 빨리 해방될 수 있지 않았을까?

존 맥나이트John McKnight는 "문제로 정의된 사람들이 그 문제를 다시 정의할 수 있는 힘을 가졌을 때 혁명은 시작된다"라고 말했다. 다름을 장애로 인식하는 비장애인 중심 사회로부터 해방되는 날이 온다면 나의 농부모는 당신의 장애해방 서사를 쓰게 될지도 모른다. 궁금하다. 당신이 말하는 장애해방, 농인의 눈으로 본 청인들의 비장애인 중심 사회. "나는 이글들을 자유와 연대의 힘을 증언하기 위해 썼다"라는 김원영의 말을 떠올린다. 외롭게 썼던 나의 장애해방 서사도 떠올린다. 나는 혼자가 아니었다. 다만 몰랐을 뿐이다. 자유와 연대의 힘으로 이어온 장애해방 운동과 장애해방 서사 위에 서있다는 걸.

몸으로
다르게 듣기

외삼촌에게서 전화가 왔다.

"보라야, 지금 유선방송에서 '골 이어폰'이라고 방송하는데. 귀에 이어폰을 꽂아서 음악을 듣는 게 아니라 골로 음악을 듣는 거래. 엄마한테 소개시켜주면 음악을 들어볼 수 있지 않을까?"

외삼촌은 엄마에게도 문자를 보내놓았는데 잘 이해하지 못해서 그런지 시큰둥한 반응이라고 했다. 죽기 전에 음악 한번 들어보면 좋지 않겠냐며 60대의 외삼촌은 정성스레 설명했다.

"이어폰을 골로 연결해도 즐겁지는 않을 텐데요. 어쨌든 알겠습니다. 엄마에게 수어로 설명할게요. 고맙습니다."

외삼촌에게 듣는다는 것이 어떤 것인지 설명하려다 그만
두었다. 2008년 EBS국제다큐멘터리영화제에서 상영되었던
영화 〈히어 앤 나우^{Hear and Now}〉(2007)가 떠올랐다.

듣는다는 건 무엇일까

〈히어 앤 나우〉는 농부모에게서 태어나고 자란 감독 아이
린 테일러 브로드스키^{Irene Taylor Brodsky}가 자신의 부모를 찍은 영
화다. 농인으로 평생을 살아왔던 부모는 인공와우 수술을 받
기로 결정한다. 카메라는 그들이 결정을 내리는 순간과 이후
를 좇는다. 과학기술이 발전해 듣지 못하는 사람도 들을 수
있다는 인공와우 수술에 대한 소문을 듣고 예순을 넘긴 부
부는 고심한다. 결국에 어머니만 수술을 받기로 한다. 수술
은 예상보다 더 고통스러웠고 이후에도 그랬다. 소리를 듣는
다는 건 말처럼 쉽지 않았다. 사람은 태어나서부터 자연스럽
게 소리에 노출된다. 귀에 들려오는 소리 중 어떤 것이 사람
목소리이고 어떤 게 불필요한 소음인지 경험을 통해 습득한
다. 소리를 구별하기 위해서는 반복된 학습과 훈련이 필요하
다. 수술 후 난생처음으로 소리를 듣게 된 감독의 어머니는
주기적으로 청각 훈련과 언어 치료를 받는다. 그러나 60대인

그에게 소리를 듣고 말을 하는 훈련은 말처럼 쉽지 않다. 어머니는 평생 원했던 소리를 듣게 되지만 귀를 통해 전달되는 엄청난 소리를 감당하기 어려워 혼란에 빠진다. 딸이자 감독은 이 과정을 묵묵히 담는다.

영화를 보며 엄마와 아빠는 여러 차례 고개를 흔들었다. 듣는 것이 저렇게 고통스럽고 어려운 일이라면 당신은 절대 소리를 듣고 싶지 않다고 했다. 아름다운 음악 소리, 물소리, 새 우는 소리 같은 건 들어보고 싶지만 저렇게 힘들다면 하고 싶지 않다고 했다. 아빠는 농인으로 사는 것이 얼마나 자랑스럽고 즐거운지 말했다. 다시 태어나도 농인으로 태어날 거라며 절대 수술하고 싶지 않다고 손을 내저었다.

음악은 '듣는' 것인가

일본의 농인 감독 에리 마키하라[Eri Makihahra]와 현대 무용수 다케이[Dakei] 감독이 공동 연출한 영화 〈리슨[Listen]〉(2016)을 봤다. 사운드트랙이 없는 이 영화는 데프 필름[Deaf Film][1]이다. 한글로 번역하면 '농영화'. 한국 사회에서 생소한 단어다. 농인의, 농인에 의한, 농인을 위한 영화다. 농인이 직접 만들었으니 농인의 경험과 생각을 기반으로 하고 농사회 혹은 농문화

안에서 일어나는 일들이 소재가 된다. 영화는 다음과 같은 질문을 던진다. '음악은 '듣는' 것인가?' '손, 얼굴, 신체에 의해 만들어진 멜로디와 리듬은 '음악'으로 분류될 수 있는가?'

영화는 '음악은 듣는 것'이라는 관념을 전복한다. 등장인물은 침묵 속에서 '음악'을 시각적으로 그리는 시도를 한다. 다양한 얼굴 표정과 수어로 시각적 음악을 만든다. 즉흥적으로 몸을 움직여 춤을 춘다. 농인 소녀가 나무 아래서 바람을 느끼며 손으로 모양을 그려나간다. 다큐멘터리 영화이자 실험 영화의 경계에 위치한 이 작품은 일본 농인과의 인터뷰, 퍼포먼스, 수어 시로 구성된다. 농인 부모 아래서 태어난 농인 소녀, 어려서부터 부모와 수어로 소통하며 농문화 속에서 자라온 소녀가 음악을 표현하기 위해 키가 큰 갈대숲을 달린다. 나무 막대기를 든 손 아래로 갈대들이 누웠다 일어선다. 소녀는 방향을 바꾼다. 손이 닿는 지점에서 갈대는 누웠다가 소녀의 뒤로 하나둘씩 일어서기를 반복한다. 시각적으로 풍성하고 풍부한 이 장면은 농인에게 소리란 어떤 것인지, 음악은 어떤 개념으로 해체되고 재구성되는지 보여준다. 청인으로 살아온 내게 '음악'이란 무엇인지 묻는다.

대다수의 농인은 청인 부모에게서 태어난다. 청인 부모가 수어를 부정적으로 생각해 수어가 아닌 입술 모양을 읽어 소통하는 구화를 가르치면 이들은 병리학적 관점의 '청각장애인'이 된다. 청각장애를 가지고 있는 당사자가 자신에게는 고유한 언어인 '수어'가 있고 '농문화' 속에서 살아간다고 긍정하는 순간 그는 '농인'이 된다. 한국에서는 '농인'과 '청각장애인'을 정체성에 따라 분리하여 표기한다. 미국에서는 병리학적 관점의 'deaf'가 아닌 농인 고유의 정체성과 문화를 강조하는 뜻으로 대문자 'D'를 사용해 'Deaf'라고 표기한다. 한국인이 'korean'이 아니라 'Korean', 일본인이 'japanese'가 아니라 'Japanese'인 것처럼 말이다.

에리 마키하라 감독은 농사회에서 태어나 부모로부터 수어를 배우며 농인 정체성을 물려받았다. 부모와 자신이 나고 자란 농사회에 소속되어 풍성한 농문화 안에서 성장했다. 정체성을 확립한 후, 음성언어 중심인 청사회를 오가며 활동했다. 청인 중심의 청사회는 음악을 들을 수 없어 안타깝다며 농인과 농사회를 가엾고 불쌍하게 여긴다. 감독은 묻는다. '음악'이란 무엇이며 '소리'란 무엇인지. 그건 누구의 관점으로부터 만들어진 것인지.

〈리슨〉은 일본에서 극장 개봉을 하여 관객을 만났다. 하위 장르로 구분될 수 있는 이 영화가 극장 개봉을 할 수 있는 사회는 어떤 사회일까? 영화를 만든 제작진, 영화를 배급하기로 결정한 배급사, 영화를 상영하기로 한 극장, 영화를 보러 온 관객을 상상한다. 농인에 의한, 농인을 위한, 농인의 영화인 〈리슨〉은 청인 중심으로 만들어지고 설계된 세상에게 질문한다. 음악은 정말로 듣는 것일까?

말하고 듣는 것이 아닌, 다양한 소통의 방법

2018년 미국 아카데미 시상식에서 작품상, 감독상, 미술상, 음악상을 받은 영화 〈셰이프 오브 워터The Shape of Water〉 (2017)의 주인공은 들을 수 있으나 말은 할 수 없는 농인이다. 엘라이자는 미 항공우주 연구센터의 비밀 실험실에서 청소부로 일하며, 사람들의 음성언어를 듣고 미국수어ASL, American Sign Language로 대답한다. 엘라이자는 비밀 실험실에서 온몸이 비닐로 덮인 괴생명체를 만난다. 연구센터의 보안책임자는 말이 통하지 않는 괴생명체를 해부해 우주 개발에 이용하려고 한다. 엘라이자는 괴생명체에 동질감을 느껴, 간단한 수어 단어로 의사소통을 시도한다. 수조에 갇힌 괴생명체에게 점심 도시락으로 먹는 삶은 달걀을 건네며 미국수어로 '달걀'이라고 말한다. 괴생명체는 눈을 껌뻑이며 엘라이자의 손과 표정을 바라본다. 그렇게 괴생명체는 미국수어를 배우며 사회적 언어를 습득한다. 엘라이자는 단어를 가르침과 동시에 인간 사회의 문법을 전수한다. 둘은 수어라는 언어를 통

해 관계를 맺고, 엘라이자는 괴생명체와 인간 사회를 잇는
매개자가 된다.

엄마, 아빠와 함께 태국에 갔을 때였다. 둘다 외국 여행은
처음이라 처음부터 끝까지 챙겨야 했다. 정확히는 둘은 전혀
그렇게 생각하지 않았지만 나는 왠지 모를 의무감을 느끼고
있었다. 통역과 가이드와 정산을 하느라 지친 어느 날, 엄마
는 시장 쪽으로 향했고 나는 멀리서 그 모습을 지켜봤다. 엄
마는 한 치의 머뭇거림 없이 과일을 팔고 있는 아주머니에
게 다가갔다. 눈을 마주친 후 과일을 가리키며 이게 뭐냐고
몸짓과 표정으로 물었다. 아주머니는 엄마에게 한번 먹어보
라며 과일을 하나둘 권했고, 엄마는 통역 없이 아주머니에게
맛있다, 쓰다, 달다, 최고다 등의 감탄사를 연발했다. 소통하
는 데 전혀 문제가 없었다. 수어를 사용하는 엄마는 음성언
어를 사용하는 이들과 소통하기 어렵다. 그런 엄마에게 태국
어를 쓰는 과일가게 아주머니나 청인인 한국인은 별다를 게
없다. 내가 따라 갔더라도 태국어를 모르는 나는 태국어만
아는 과일 가게 아주머니와 음성언어로는 소통할 수 없었을
것이다. 우리의 공통 언어는 인류 공용의 바디랭귀지뿐이다.
그런 측면에서 엄마는 그 누구보다 탁월했다. 평생 그래왔던
것처럼 이게 뭐냐고 검지를 펴고 대상을 가리킨 후 좌우로
흔들었다. '무엇'이라는 수어였다. 어깨를 올리며 뭔지 모르

겠다, 궁금하다는 표정도 함께 지었다. 시각에 기초한 언어인 수어의 보편성이 그 어떤 음성언어보다 더 큰 힘을 발휘했다. 엄마는 일평생 그렇게 살았다. 당신의 의사소통 수단인 수어로 사람들과 소통했다. '들리지 않음'을 부끄러워하는 것이 아니라 내 말을 이해하지 못하는 세상이 부끄러워야한다는 뻔뻔함을 지닌 엄마는 종종 그렇게 편협함을 부수어버렸다. 엄마는 아주머니에게 망고스틴 하나를 얻어 와 내게 먹어보라며 권했다. 영화 〈셰이프 오브 워터〉의 엘라이자에게서 엄마의 모습을 떠올린 건 어쩌면 너무나 당연한 것인지도 모른다.

'나'의 바깥과
어떻게 만날까

키르기스스탄을 여행할 때였다. 일본인이 운영하는 게스트
하우스에는 유독 일본 국적의 여행자들이 많았다. 중앙아시
아의 스위스라고 불리는 이곳에서 빼놓을 수 없는 건 트레
킹과 캠핑을 포함한 백패킹이었는데 혼자서는 도저히 엄두
가 나지 않았다. 맘에 드는 일본 친구들을 꼬셨다. 말수가 적
지만 듬직한 A, 나보다 한두 살 어리지만 영어도 잘하고 빠
릿빠릿한 B, 전형적인 오타쿠에 어딜 가나 와이파이를 먼저
찾는, 놀리는 재미가 있는 C. 남자 셋에 나 하나. 우리는 알
틴아라샨 천산산맥으로 향했다.

　오늘 밤에는 계곡 옆에서 자면 좋겠다고 지도를 확인하고
걸음을 옮겼다. 그런데 내 옆에서 누가 자지? 문제는 텐트였

다. 2인용 텐트 두 개뿐이었다. 짐을 꾸릴 때는 거기까지 생각하지 못했다. 백패킹 한 번 제대로 해본 적이 없어 가을 초입의 천산산맥이 얼마나 추운지, 그에 필요한 장비는 무엇인지, 옷은 어떻게 챙겨야 하는지 깊게 생각하지도 않고 배낭을 멘 것이다. '여름의 끝자락인데 괜찮겠지' 하고 대충 빌린 여름용 침낭과 얇은 매트리스, 저렴한 텐트, 그러다 얼어 죽는다며 여행을 마치고 집으로 돌아가는 여행자가 준 얇은 패딩, 트레킹화도 아닌 운동화. 그게 내가 가진 전부였다.

밤에는 눈이 내렸다. 계곡물은 손을 대기 어려울 정도로 차가웠고 천산의 가을은 무슨, 어두워지자 순식간에 겨울이 되었다. 어서 텐트를 치고 밥을 해야 하는데 머릿속에는 오늘 누가 내 옆에서 잘 것인지에 대한 걱정이 가득했다. 누구와 함께 자면 덜 위험할 것인지에 대한 시뮬레이션을 돌리고 또 돌렸다. 친구들도 난감해했다. 나보고 누구와 자면 좋을지 고르라고 했다. 뭐라고? 애매한 표정을 짓자 셋은 머리를 맞댔다. 최종적으로 내린 결론, 텐트를 붙여 모두 다 같이 자는 것처럼 하자! 그럼 보라가 덜 위험하다고 느낄 거야. 이런 상냥함이라니! 그러나 집은 하나여도 방은 두 개였다. 셋은 가위바위보를 했다. 진 사람이 나와 함께 텐트를 써야 했다. 가위, 바위, 보! A와 C는 주먹을 쥐며 안도의 한숨을 쉬었고 B는 알 수 없는 표정을 지었다.

세수를 하고 텐트에 들어가는데 어색했다. 입구가 이어지도록 두 개의 텐트를 설치한지라 옆 텐트의 숨소리까지 다 들렸지만 한 텐트를 쓴다는 건 좀 어색한 일이었다. 나는 대화가 끊길세라 부지런히 입을 열었다.

"나는 한 번도 일본에 가본 적 없어. 이렇게 일본 사람들 만나면 반갑고 좋은데. 후쿠시마 원자력발전소 사고 이후에 방사능 수치가 높아서 위험하다는 뉴스를 보고 되도록 일본은 가지 말아야겠다고 생각했어."

"어느 뉴스 말하는 거야? 그걸 믿어?"

B가 말했다. 날카로운 목소리였다.

"다큐멘터리 영화에서도 많이 봤고. 한국에서 제작한 것도 있고 일본에서 만든 것도 있었어."

"내가 본 뉴스는 그렇지 않았는데. 네가 본 것이 틀렸을 수도 있지. 일본이 조사를 얼마나 정확하게 하는데. 사고 이후에 다 깨끗하게 처리해서 이제는 괜찮아. 가도 돼."

"일본 정부가 얼마나 진실을 감추려고 드는지 알아? 너는 자국 뉴스를 믿어?"

"당연하지. 네가 본 영화는 뭔데? 정보의 출처가 어딘지 알아? 옳다고 확신할 수 있어? 이제는 가도 괜찮아. 사고 이후에 자원봉사도 갔다 왔다고."

목소리가 높아졌다. 격앙된 톤으로 토론을 이어가자 옆 텐

새로운 서사를 찾아서

트에서 뒤척이는 소리가 들렸다.

"의견이 다른 건 알겠는데. 그래도 나는 피할 수 있으면 피해야 한다고 생각해. 거긴 아직 위험해. 안전하다고 단언할수 없어. 할 수 있는 사람들은 최대한 조심하는 게 맞지 않아?"

나는 기어이 한마디를 더 보탰다.

"내가 거기 갔다 왔다고! 왜 자꾸 위험하다고 말해? 넌 외국인에다가 일본을 잘 알지도 못하잖아. 거기 내 친구 산단말이야!"

침묵이 흘렀다. 아무 말도 할 수 없었다. 갑자기 피폭된 친구 이야기를 꺼내다니. 대화를 정리하고 잠을 청하려는데 도저히 잠이 오질 않았다.

한·중·일 삼자토론

K는 일본 후쿠오카 출신이었다. 미국의 대학에서 영화를 전공하고 도쿄의 한 영화 배급사에서 일한다고 했다. 동료 감독의 소개로 그를 만났다. 처음에는 가볍게 커피 한 잔 정도 할 생각이었는데 그만 사랑에 빠졌다. 계획을 바꿔 밥을 먹고 술을 마셨고, 다음 날 데이트를 했다. 이틀 후, 후쿠오카

행 비행기 표를 사서 공항으로 향했다.

말이 참 잘 통했다. 고등학교 1학년 마치고 학교를 자퇴했다고 떠듬떠듬 영어로 말하자 그는 "어, 너도 학교 그만뒀다고?"라고 했다. 그는 히키코모리였는데 중학교를 건너뛰고 고등학교에 갔고 힙합을 하다 미국으로 유학을 갔다고 했다. 제도권 안팎에 대한 생각들도, 좋아하는 영화도 비슷했다. '아' 하고 말하면 '어' 하고 알아들었다. 종종 일본과 한국의 과거사 문제가 대화 주제로 나오면 우리는 살짝 민감해졌지만 애정하는 마음으로 서로의 의견을 경청했다. 관점은 달랐지만 비교하는 재미가 있었다.

그렇게 몇 년이 지났다. 그와 나는 함께 살게 되었고, 서로를 '파트너'로 부르게 되었다. 우리는 도쿄에서 살다가 네덜란드 암스테르담으로 거처를 옮겼다. 유럽 여행을 하는 친구들이 종종 암스테르담에 들렀고, 그럴 때면 한식과 일식을 푸짐하게 차려 대접했다.

베이징에 사는 중국인 동료가 출장을 마치고 암스테르담에 들렀다. 우리는 우동을 먹고 있었다. 저녁거리를 사서 온다던 동료는 빈손이었다. 저녁을 차린 터라 함께 들자고 권했다. 그는 나가서 먹겠다며 손사래를 쳤다. 근처에 먹을 데도 마땅치 않다고 면만 끓이면 된다고 했지만 그는 한 번 더 거절했다. 어차피 하룻밤 자고 갈 거, 밥 한 술 뜨는 게 뭐 그리 부담스럽지? 한 번 더 권유하자, 그가 입을 열었다.

"사실 일본 사람이 예스라고 말하는 건 노라는 뜻이라고 들어서…."

웃음이 터졌다.

"그렇긴 한데. 이쪽은 일본 사람이고 저는 한국 사람이에요. 제가 예스라고 하는 건 예스예요. 그러니 함께 먹어요."

파트너는 일본 사람이 워낙 내색을 안 하긴 하지만 모든 사람이 다 그런 건 아니라고 설명했다. 동료는 테이블에 앉았다. 우동으로 시작한 대화는 어느새 한·중·일 사이의 역사 및 정치 문제로 번졌다. 일본군 '위안부' 문제가 대화 주제로 나왔다. 나는 목소리를 높였고, 동료는 중일전쟁 때 일본이 군대를 동원해 중국인을 무차별로 학살한 난징대학살을 언급했다. 파트너는 말이 없었고, 나는 그에게 어떻게 생각하는지 물었다.

"현재를 살아가는 사람으로서, 이 문제에 대해 차분하게 논의를 해봐야 한다고 생각해. 가령 양국의 역사문제를 양쪽의 시선으로 바라보는 교과서를 제작한다든지 말이야."

파트너의 말이 끝나기도 전에 내가 입을 열었다.

"그렇지만 사과 먼저 해야지."

"한국 정부는 계속 사과하라고 하지만 일본 정부의 대응은 달라지지 않잖아. 문제 해결을 위해서는 한국 정부도 이

전과 같은 외교적 전략이 아닌, 다른 해결 방법을 모색해야지. 이전 방법이 통하지 않으면 대안을 생각해보는 건 당연한 거 아니야?"

'하, 뭐?' 어이가 없어 헛웃음이 나왔다. 파트너의 표정이 흐트러졌다. 그렇게 한·중·일 삼자토론은 중지되었다. 파트너는 더 이상 얘기하고 싶지 않다고 했다.

"왜? 뭐가 문젠데?"

"너는 왜 내 의견을 항상 그렇게 비웃어? 무슨 말만 하면 그렇게 코웃음을 치잖아. 내가 하는 말이 다 변명 같아?"

"내가 언제?"라고 쏘아붙였지만 이 문제에 있어 감정이 앞선다는 사실은 부정할 수 없었다.

"너 이런 화제 나오면 매번 팔짱 끼고 내 말 다 반박하고 들으려고 하지도 않잖아. 사과를 해야 하는 건 알겠는데 내 말은 사과 다음이 무엇이어야 하냐는 거야. 일본 정부가 이런 식으로 나와서 문제 해결이 안 되면 다른 방식으로 돌파할 방법을 찾아봐야 한다는 거지."

"그래도 사과를 해야지! 피해자들이 원하는 건 그거고 그걸 먼저 하라는 거잖아!"

소리를 질렀다. 파트너는 이성적으로 토론할 수 없다며 몸을 돌렸다. 억울했다. 피해자 입장에서 생각하고 그들이 원하는 방식의 사과를 할 것. 원하는 건 그게 전부인데 왜 그걸

새로운 서사를 찾아서

못 한다는 걸까? 나는 왜 그리 흥분하고 그는 왜 그리 차분한 걸까? 그와 나 사이의 온도 차는 도대체 무엇일까?

한·일·일 삼자토론

몇 달 후, 파트너의 친구가 놀러 왔다. 미국에서 유학할 때 만난 일본 친구라 영어를 잘했다. 파트너는 보수적인 면도 있는 친구니 유의하라고 일러주었다. 우리는 돈가스를 구워 테이블에 앉았다. 자연스럽게 한·일·일 삼자토론이 시작되었다.

"미국에 있을 때 중국인과 연애한 적도 있고, 한국 사람들도 많이 만나봤으니까. 그런데 왜 다들 위안부 문제에 대해서는 그렇게 감정적이에요?"

돌직구였다.

"아니, 그건 엄청 옛날 일이고. 따지고 보면 내가 한 것도 아니잖아? 그런데 이 이야기만 나오면 다들 엄청 화를 내고 더 대화를 하지 않으려는 거야. 무조건 일본이 사과해야 한다고만 하고. 그런데 이미 사과하긴 했잖아, 여러 번."

그는 말을 끝내고 젓가락을 쥐었다. 큰일이었다. 이제 막 식사를 시작했는데 엄청난 소재가 우리 앞에 떨어졌다. 파트너는 난감한 표정으로 중간에 앉아 있었다. 나는 주먹을 쥐었다.

"아니, 그렇게 먼 옛날 일도 아니고. 이 문제에 대해서 한국인이나 중국인이 목청을 높인다면 그들이 왜 감정적인지에 대해 생각해봐야 하는 거 아니에요? 피해자에게 이성적이고 논리적이고 차분해지기를 요구하는 건 너무한 거 아닌가?"

또, 목소리가 높아졌다. 나무젓가락과 나이프를 쥐고 돈가스를 썰다가 그만 젓가락을 다 썰어버렸다.

"중국인 여자 친구가 그 이야기만 나오면 매번 이렇게 반응하더라고요. 사실 잘 이해가 안 돼요. 우리 세대는 그 문제에 대해 잘 알지도 못한다고."

열이 받았다. 어떻게 그렇게 강 건너 불 보듯 말하지? 온도 차가 달라도 너무 달랐다. 파트너는 피해자의 입장에서 생각해야 한다고, 일본이 받은 역사 교육과 중국과 한국의 그것은 확실히 차이가 있다고 설명했다. 뻔뻔하게 구는 일본인 1과 중도의 입장을 지키는 일본인2, 그리고 열 받은 한국인. 나는 한·일·일 저녁 밥상의 평화를 위해 입을 다물었다. 그러나 정말로 그의 차가움과 이 문제에 대한 거리감을 이해할 수 없었다.

그건 반대로 파트너가 느낀 온도 차이기도 했다. 2011년

도호쿠 지방의 해역 지진으로 쓰나미가 발생해 후쿠시마 원자력발전소에서 방사능이 누출되었을 때 파트너는 미국에서 유학 중이었다. 일본 전역이 비상 사태였고 모두들 십시일반으로 성금을 모으고 자원봉사를 갔지만, 그는 아무것도 할 수 없었다. 함께하지 못했다는 부채감과 죄책감이 남았고, 일본에 돌아가자마자 후쿠시마를 찾았다. 피폭된 이들, 살아남은 사람들을 만나 이야기를 들었다. 내 몸에는 그런 기억이 있는데, 그들은 살아내야 하는데, 나 역시 이들과 함께 이곳에서 살아야 하는데 어떻게 너는 그렇게 차갑게 말할 수 있는지 그는 물었다.

"너 가끔 그곳을 마치 더러운 곳처럼, 지옥처럼 눈살을 찌푸리며 이야기하더라. 넌 한국인이라 도호쿠 지방에, 후쿠시마에 가지 않으면 되겠지만 여기서 살아내야 하는 사람들은 어떻게 하라는 거야?"

그것이 처음이었다. '아, 거기 사람이 살지' 하고 생각한 것은. 파트너는 그때 만났던 사람들의 얼굴을 아직도 기억한다고 말했다. 내가 후쿠시마 농산물은 절대 먹으면 안 된다고 말하는 것이 종종 너무나도 차갑게 혹은 무섭게 느껴진다고 했다. 마치 강 건너 불 보듯 하는 소리처럼 말이다.

'나'와 '너' 사이

나는 여전히 잘 모르겠다. 우리가 한국어도, 일본어도 아닌 영어로 대화를 해서 그런 것인지, 내가 좀 더 차분하게 이성적으로 대화에 임하면 해결할 수 있는 것인지, 어떤 사람들을 삼자대결, 사자대결 테이블에 앉혀야 토론을 해나갈 수 있는 것인지. 이 아슬아슬한 경계를 오늘도 걷는다. 어쩌면 이것은 이 관계가 지속되는 한 계속될 것이다. 그러나 계속해서 논쟁하고 토론하고 다투고 싸우는 일을 멈추지 않을 것이다. 이 과정이 없었더라면 나는 그때 키르기스스탄에서 함께 텐트를 썼던 그 친구가 왜 그렇게 마음 상해했는지, 그와 나 사이의 온도 차는 무엇이었는지 이해할 수 없었을 테다. 내 몸속에 깊숙이 뿌리박힌 '일본인=나쁜 놈', '나만 피해자'라는 고정관념도 발견하지 못했을 거다. '나'가 '너'가 되는 일은 이토록 어렵다.

타인을
상상하는 노력

1971년 봄, 할아버지는 맹호부대 장교로 베트남전쟁에 참전했다. 2007년, 내가 동남아시아 여행을 다녀왔다고 했을 때, 할아버지는 어느 도시를 가보았는지 물었다. 호치민부터 하노이까지 방문했던 도시를 쭉 열거하자, 할아버지는 한 해안 도시를 짚으며 당신이 거기에 있었다고 말했다. 그리고 더 말을 잇지 않았다. 할아버지는 고엽제 후유증으로 구강암과 폐암 진단을 받았고, 일곱 번의 수술과 일곱 번의 항암치료를 받았다. 그럼에도 국가로부터 받은 훈장과 표창장을, 당신이 상이군인이라는 것을 자랑스러워했다. 2020년 2월에 개봉한 영화 〈기억의 전쟁〉은 베트남전쟁 당시 한국군에 의한 민간인 학살을 둘러싼 서로 다른 기억을 다룬 다큐멘터리 영화다. 영화 기획부터 개봉까지 5년이 걸렸던 이 작업의 출발은 할아버지였다.

베트남전쟁에 대해 물어볼 틈도 없이 할아버지는 암 치병을 하다 세상을 떠났다. 대신 할머니에게 물었다. 당신은 잘 모른다고, 어렸을 적 한국전쟁 당시 낙동강이 핏빛으로 물들었던 건 기억하지만 베트남전쟁과 역사 같은 건 남자들에게나 물어보라고 했다. 할머니는 할아버지가 왜 그곳에 갔는지 기억했다.

"장애가 있는 아들을 둘이나 낳은 나랑 이혼하려고, 이혼비를 벌러 월남에 갔어."

책에서 읽었던 베트남전쟁 당시 한국군에 의한 민간인 학살 사건이 떠올랐다. 할아버지와 할머니의 이야기, 베트남 중부에서 학살의 기억을 안고 살아가는 이들의 이야기가 교차했다.

피해국에서 가해국으로

베트남에서 나는 종종 할아버지를 원망했다. 1964년 9월부터 1973년까지 약 32만 5,000여 명의 한국군이 미국의 동맹군으로 베트남에 파병되었고 80여 개의 마을에서 한국군

새로운 서사를 찾아서

은 민간인을 학살했다. 9,000여 명의 민간인이 희생당한 것으로 추정된다. 찢어지게 가난하던 한국은 군사 파병으로 급속한 경제 발전을 이룬다. '참전'과 '경제 발전'이라는 단어가 연결되는 순간, 할아버지가 보낸 돈으로 땅을 사고 집을 지어 살림을 했다는 할머니의 말을 듣는 순간, 온몸이 굳었다. 한국군에 의해 사람들이 떼죽음을 당했던 마을에 다녀올 때마다 나의 뿌리와 이곳에서 벌어진 학살의 기억이 겹쳤다. 죄책감이 들어 아무것도 할 수 없었다. 그런 나에게 밥 먹고 가라고, 우리 집에서 자고 가라고 손을 잡아준 건 학살에서 살아남은 응우옌티탄이었다. 그가 내어주는 밥은 베트남의 그 어떤 음식보다 따뜻하고 맛있었다.

응우옌티탄은 영화 〈기억의 전쟁〉의 주인공이다. 그를 좇다 보면 전쟁과 학살을 어떻게 기억할 것인가에 대한 답을 찾을 수 있을 거라 믿었다. 그는 한국을 여러 차례 방문하며 1968년 2월, 꽝남성 디엔반현 퐁니·퐁넛 마을에서 벌어진 한국군에 의한 민간인 학살 사건을 증언했다. 겁먹은 표정으로 질문에 답하며 수동적인 태도로 증언하던 그는, 2018년 4월 한국 서울에서 열린 '베트남전쟁 시기 한국군에 의한 민간인 학살 진상규명을 위한 시민평화법정'에서 자신이 진정으로 원하는 것은 학살을 저질렀던 참전군인의 사과라고 용기 있게 말한다.

영화 〈기억의 전쟁〉을 보고 나온 할아버지의 둘째 딸, 작은 고모의 얼굴은 어두웠다. 참 무겁고 먹먹한 영화라며 고모 이경자는 이렇게 썼다.

나에게 베트남은 달콤쌉싸름한 초콜릿과 귀하디귀한 텔레비전에 대한 기억으로 시작된다. 영화의 주인공이자 학살 생존자인 응우옌티탄이 가족들의 죽음을 지켜봐야 했던 때와 같은 나이, 여덟 살이었던 나는 먼 곳에서 아버지가 가져오는 국방색 캔과 미군 씨레이션을 기다리며 동네 아이들에게 부드러운 카스테라를 자랑하곤 했다. 살기 어려웠던 시절, 베트남전쟁 참전으로 우리 집에 일본 산요 선풍기와 텔레비전이 생겼고, 엄마는 행상 대신 수출용 가발 비닐을 벗기는 일을 하며 살림을 할 수 있었다. 우리 집은 박정희 신화와 연결되어 점점 나은 경제력을 갖게 되었고, 나는 학살 생존자와 전혀 다른 모습으로 살아가게 되었다.

얼마 전, 이 영화를 통해 그곳의 시간과 만났다. 나에겐 끊겼던 기억이 그곳에서는 여전히 이어지고 있었다. 너무 길고 오래도록 아프고 고통스럽게.

고모는 "대신할 수 없는 삶은 이어지고 우리는 각자의 방식으로 그 '기억'에 답하며 살아가야 한다"라고 했다. 베트

새로운 서사를 찾아서

남전쟁에서 얻은 고엽제 후유증으로 암 투병을 하다 돌아가신 할아버지, 그가 가져온 카스테라를 먹고 자란 고모, 이 모든 이야기를 듣고 영화를 만든 나, 1960년대 후반 한국군에 의해 이유 없는 죽음을 당해야 했던 베트남 중부의 사람들이 교차했다.

영화를 만들겠다고 하자 누군가는 물었다. 베트남전쟁에 참전하지 않은 네가, 군대도 가지 않은 여성인 네가, 새파랗게 어린 20대인 네가 전쟁에 대해서 뭘 아냐고.

나는 가해자도 아니고 피해자도 아니다. 그런데 누가 가해자이고 누가 피해자일까? 이 문제는 민간인 학살의 가해자인 대한민국 군대와 피해자인 베트남 사람만 논할 수 있는 사안은 아니다. 그런 이분법적 진영론으로는 어떤 문제도 풀수 없다. 베트남전쟁의 특수는 한국 정부, 국가, 국민 전체가누렸다. 군수 물자를 생산하고 공급했던 일본 역시 엄청난 경제 성장을 했다. 민간인 학살은 '전쟁'이라는 특수한 상황을 배경으로 일어났고, 국가와 군대를 이루는 개인의 결정과 행동이 있었기에 가능했다. 지금 우리가 해야 하는 것은 책임이 없다며 떠넘기고 묵인하는 것이 아니라, 어떤 일이 일어났는지 정확하게 돌아보고 짚어보고 어떻게 기억해야 할 것인지 질문을 던지는 일이어야 한다. 고모가 난생처음 부드러운 카스테라를 먹었던 자신의 여덟 살과, 학살로 가족을

다 잃고 몸 밖으로 나온 창자를 안고 엄마를 찾아 걸어야 했던 응우옌티탄의 여덟 살을 연결해낸 것처럼, 각자의 위치에서 베트남전쟁과 학살을 말해야 한다. 나와 너에게 베트남전쟁은 무엇이었는지, 무엇이어야 하는지 물어야 한다. 그것은 '나'와 '너'를 연결하고 주체와 타자의 도식을 깨는 일이 될 것이다. 여성주의 연구활동가 권김현영은 이렇게 말한다.

> 전쟁은 구체적인 개인을 적 또는 아군이라는 형태로 추상화한다. 전쟁의 정당성을 확보하는 과정은 보편적 정의에 호소하고 개인의 욕망을 모두 특수한 것으로 만들어내면서 가능해진다. 전쟁이 동일성에 기반해 있다면, 평화는 차이를 견디는 과정으로 이해되어야 한다.
>
> ― 권김현영, 『늘 그랬듯이 길을 찾아낼 것이다』, 292쪽.

'나'와 '너'가 공존하기 위해서는 타인을 상상해내는 노력이 필요하다. '나'에서 '너'가 되어보아야 한다. 당신과 나의 차이가 틀리고 이상한 것이 아니라 그저 다른 것이라는 걸 인정하고 받아들이는 일. 지난하고 어렵겠지만 '나'와 '너'가 함께할 수 있는 공존의 바탕이 될 것이다. '나'는 '너'가 결코 될 수 없다. 그러나 되어보려는 시도와 노력은 얼마든지 할 수 있다.

　　　　　　　　　　　새로운 서사를 찾아서

청인의 입장에서 농인의 입장으로

부모님과 국제선 비행기를 탔을 때였다. 체크인을 할 때 동행하는 이가 농인임을 알렸고, 비행 중에는 내가 통역을 맡으니 도움이 필요하지 않다고 말해두었다. 항공사 직원은 혹시 모르니 탑승 정보에 내용을 기재하겠다고 했다. 목적지에 도착해서 보니 항공사 직원 몇 명이 우리를 기다리고 있었다. 엄마, 아빠의 이름을 크게 적은 종이를 들고서 말이다. 휠체어도 함께였다.

"이거 필요 없어. 나 휠체어 장애인 아니야."

엄마는 기분이 나쁜 듯했고, 아빠는 껄껄 웃었다. 기분 나쁠 것까지야. 이유를 물으니 엄마는 비행기를 탈 때마다 항상 직원들이 휠체어가 필요하냐고 묻는다고 했다. 들리지 않는 것이지 탈것이 필요한 건 아닌데. '청각장애인'은 '장애인'으로 기술되어 전달되고 '장애인'이라고 하면 비장애인은 휠체어를 떠올린다. 참 이상한 일이다.

유럽을 여행하다 보면 수없이 '차이나', '니하오' 등의 인사말을 듣는다. 동아시아인의 얼굴을 가진 사람은 무조건 중국인일 것이라 생각하고 인종차별적인 인사를 건넨다. 상대방이 어디서 왔고 어떤 언어를 사용하며 어떤 문화적 배경을 갖고 있는지에 대한 고려 없이 '니하오' 하고 인사하는 것. 그것과 무엇이 다를까? 그 안의 무수히 다른 정체성은 왜 쉽게 무시되고 고려되지 않는가? 엄마와 아빠가 얼마큼 안 들리는지, 청각장애가 다른 장애와 어떻게 다른지, 차이와 다름, 고유성을 '장애'라는 단어로 설명하지 않아도 되는 날이 언제쯤 올까?

나는 어렸을 때부터 농인 부모의 장애를 설명해야 했다. 어딜 가나 "저희 부모님은 청각 장애가 있는 농인이고요. 말씀하시면 제가 통역할게요"라는 말을 가장 먼저 해야 했다. 그러나 사람들은 그 말이 무엇인지 곧잘 이해하지 못했다.

"청각장애가 정확히 뭐야?"

"그래서 얼마나 안 들리는 거니?"

"말은 못 하는데 그래도 소리는 들을 수 있는 거지?"

"입술 모양을 정확하게 하고 좀 더 크게 말하면 들을 수 있니?"

어딜 가나 청각장애와 관련된 질문이 쏟아졌다. 처음부터 끝까지 친절하게 설명하다가도 언제까지 이 상황을 반복해야 하는지 지치기도 하고 화도 났다. 미성년자일 때는 더 심했다. 부모는 성인이 아닌 나를 대신해 보호자임을 입증해야 하는데 소리를 들을 수 없고 말을 할 수 없는 부모님은 전화통화를 통해 자신이 보호자임을 입증할 수 없었다. 고객 센터로 전화를 걸면 상담원은 부모를 바꿔달라고 했다. "저희 부모님이 청각장애인이셔서요"라고 대답하면 상담원은 "전화 통화를 못 하세요?" 하고 물었다. "청각장애인이시라니까요"라고 재차 말하면 그는 "아예 소리를 못 들으시는 거예요?" 되물었다. 나는 얼굴도 모르는 사람들에게 청각장애가 어떤 장애인지 우리 부모가 얼마나 안 들리는지 설명해야 했다.

청인들은 미소를 띠고 묻는다. 농인을 만나면 어떻게 해야 하냐고. 질문의 의도는 선량하다. 그러나 듣는 이의 입장에서는 이상하고 지겹다. 미국 사람을 만나면 어떻게 해야 하는지, 프랑스 사람을 만나면 어떤 행동을 해야 할지 미국인과 프랑스인에게는 묻지 않는다. 학교에서는 외국인을 만날 때 상대방의 문화와 언어를 존중해야 한다고 배운다. 외국인뿐 아니라 타인에게 그래야 한다고 말이다. 농인 역시 마찬가지다. 특별하고 특이한 존재가 아니다. 나와 다른 감각을 가지고 살아가는 타인이다. 이상하고 특수한 곳에서 온 '언터처블 외계인'이 아니다. 답은 간단하다. 그 사람의 입장에서 생각해볼 것, '나'가 '너'가 되어볼 것, 그래보려고 노력해볼 것. 타인을 상상하는 노력이 필요하다.

스스로를
스스로 정의하기

농인 부모에게서 태어난 나는 손으로 옹알이를 했다. 음성 언어가 아닌, 수어가 나의 모어母語였고 부모의 문화인 농문화가 나의 성장 배경이 되었다. 그러나 입으로 말하는 사람들은 부모를 귀머거리라 부르며 혀를 쯧쯧 찼다. 그 말을 명확하게 들을 수 있었던 나는 살아남기를 택했다. 부모가 한국 사회에서 살아남기 위해 '착한 장애인'이 되었듯 나 역시 '착한 장애인의 딸'이 되었다. 말 잘 듣는 모범생이자 공부 잘하는 우등생이 되는 것이 올바른 예였다.

그런데 스물두 살이 되어서야 나처럼 오기를 품고 살아왔던 사람들이 있다는 걸 알게 되었다. 나 같은 이들을 코다라고 불렀다. 코다의 경험이 전 세계적으로 비슷하며, 코다에 관한 많은 연구가 있어왔고, 여러 지원 프로그램이 있다고 했다. 부모의 세상을 끊임없이 부정하다가도 사랑했던, 부모의 통역사이자 보호자 역할을 해야 했던 이들을 만났다. 아빠 대신 부동산에 전화해 전세와 보증금을 대신 묻고 통역해야 했던 열 살, 엄마와 함께 은행에 가 우리 집의 빚이 얼마나 남았는지를 물어야 했던 아홉 살, 부모가 장애인이라고 무시하는 어른의 말을 부모에게 통역하지 않으려고 애써 입술을 깨물었던 열한 살, 사춘기 시절 좋아하는 남자아이와 길을 걷다 마주친 엄마를 외면했던 열다섯 살. 부모가 다른 언어를 사용한다는 이유로 감내해야 했던 사회적 편견을 겪어낸 이들이었다.

미디어에도 있었다. 독일 영화 〈비욘드 사일런스Beyond Silence〉(1996)의 주인공 라라도 학교를 조퇴하고 농인 부모님과 은행에 가, 왜 예금을 찾을 수 없냐고 엄마 대신 '말'했다. 아버지가 눈이 오는 소리는 어떤 것이냐고 묻자 소리를 수어의 세계로 옮겨 시각적으로 전달했다. 프랑스 영화 〈미라클 벨리에The Bélier Family〉(2014)의 주인공 폴라는 자신이 가진 음악적 재능을 포기하고 부모님의 통역을 하기 위해 집에 머무를 것을 선택한다. 드라마를 보고 싶은 엄마를 위해 텔레비전 앞에 앉아 배우의 목소리를 수어로 옮기는 통역을 해야 했던 일, 동생이 친구들에게 놀림을 당해 학부모 상담을 하게 되었을 때, 통역을 하기 위해 자리에 앉으며 누나가 되어야 하는지 통역사가 되어야 하는지 딸이 되어야 하는지 심각하게 고민했던 일. 그것은 나만의 경험이 아니었다. 코다이기 때문에 겪게 되는 일이었다.

CODA UK&Ireland를 만나다

궁금했다. 한국 바깥의 코다는 어떻게 살고 있는지. 세계 곳곳에 코다의 정체성을 가진 이들이 코다라는 이름으로 모여 코다에 관한 공부를 하고 코다의 경험을 나누고 있었다. 전 세계적인 코다 네트워크, 코다 인터내셔널CODA International도 있었다. 영국에는 CODA UK&Ireland, 일본에는 J-CODA, 홍콩에는 CODA Hong Kong, 각 나라와 도시에서 크고 작은 코다 모임이 열렸다. 한국에서 모인 우리는 코다 코리아CODA Korea를 만들었다. 코다로서 살아왔던 경험을 나누었다. 분명 다른 사람이 이야기하고 있는데 꼭 내 얘기를 듣는 것 같았다. 신기했다. 어딜 가나 청사회와 농사회 사이에 위치한 나를 설명해야만 했는데 코다들 앞에서는 그럴 필요가 없었다. 우리는 서로의 경험을 나누다 앞으로는 뭘 하면 좋을지 고민했다. 서로를 위해, 또 다른 코다를 위해 어떤 일들을 할 수 있을까? 앞서 만들어진 코다 모임은 어떤 고민을 했고 어떻게 모임을 꾸리고 활동해왔는지 궁금했다.

2016년 8월, 영국의 코다 단체인 CODA UK&Ireland의 여름 캠프에 방문했다. 그랜덤이라는 시골 마을에서 열린 코다 캠프는 3박 4일 동안 84명의 코다 청소년과 20명의 코다 성인 자원활동가가 함께하는 대규모 여름 캠프였다. 캠프지에 들어서자마자 한 아이가 물었다.

"어디서 왔어요? 한국? 코다예요?"

나는 입을 여는 대신 고개를 끄덕였다. 코다코리아 멤버 중 한 명이 국제 수어로 우리를 소개했다. 그러자 그가 영어와 수어를 섞어 대답했다. 신기했다. 수어와 음성언어를 자유자재로 넘나드는 이들이 내 앞에 100여 명이나 있었다. 그들은 계속해서 물었다. "너 코다야?"

고개를 끄덕였다. 그 어떤 것도 설명할 필요가 없었다.

캠프의 마지막 프로그램은 '탤런트 쇼'였다. 한국으로 치면 '캠프파이어' 같은 순서였는데 모두가 코스프레를 하듯 챙겨 온 복장으로 해리포터와 헤르미온느처럼 차려입었다. 호나우두도 있었고 피카츄도 있었다. 미처 옷을 챙겨 오지 못한 몇몇 아이들은 이제부터 자신은 농인이고 상대방은 청인 수어통역사를 연기할 거라며, 농인과 수어통역사 사이에 일어나는 에피소드를 묘사했다. 농인의 목소리를 흉내 내며 빠르게 손을 움직였다. 부정확한 발음으로 "암 뎁(I'm Deaf)"
이라고 말하며 검지와 중지를 펴 귀와 입에 댔다. 옆에 있던
친구들이 깔깔 웃으며 수어로 대답했다. 마치 농인처럼 말이
다. 그런데 이거 농인 비하하는 건가? 당황한 우리가 뭐 하는
거냐고 묻자, 탤런트 쇼에서 입을 옷을 가져오지 않았으니
코다로서의 경험을 기반으로 한 '농인 되기'를 하는 것이라
했다. 진정 탁월한 따라 하기였다. 얼굴 표정, 유창한 수어,
문장 내용, 발음까지 어느 하나 어색한 곳이 없었다. 그 누구
도 장애인 조롱이나 비하의 의미로 받아들이지 않는 풍경이
놀라웠다. 너무나 자연스러운 '역할 놀이'였다. 비하나 조롱
의 나쁜 의미를 담은 '장애인 흉내'가 아니라, 내가 사랑하고
아끼는 농인 부모 흉내 내기가 되었다.

　나도 종종 부모의 흉내를 낸다. 아빠가 나를 혼낼 때 쓰는
"뻽!"이라는 소리를 가성을 섞어 낸다. 동생은 아빠가 사용하
는 문장, 조사가 빠져 맞춤법이 맞지 않는 문장으로 대답한
다. 이 역할 놀이는 오로지 동생과 나 사이에서만 가능했다.
부모를 무시하고 흉보는 것이 아니라는 걸 이해하고 신뢰하
는 관계에서만 가능한 역할 놀이다. 코다만이 할 수 있으며
코다만이 온전히 이해하고 웃을 수 있는 장난, 부모의 농문
화와 수어를 긍정할 때에만 성립되는 놀이, 장애인 비하가
만연한 청인 세계에서는 해서도 안 되고 하기도 어려운 것이

이곳에서는 애정과 사랑을 담은 흉내 내기와 놀이가 되었다.

디스코장에서 음악이 울려 퍼졌다. 모두가 흥겹게 리듬에 맞춰 몸을 흔들었다. 그중 몇몇은 하고 싶은 이야기가 있는지 손을 움직여 얼굴 표정과 함께 수어로 말했다. 의사 표현을 하기 위해 시끄러운 음악 사이로 목소리를 크게 내지 않아도 되었다. 그들은 청인이자 동시에 농인이었다. 두 가지 언어를 구사하고 두 가지 문화를 자유롭게 넘나들었다. 캠프 기간 동안 나는 나 자신을 설명할 필요가 없었다. 농인 혹은 청인을 위해 통역을 할 필요도 없었다. 음성언어를 사용해도, 수어를 사용해도, 그 둘을 섞어 이야기해도, 아무런 문제가 되지 않았다. 다양한 언어와 문화를 지녔기에 환영받고 축복받았다. 나, 우리는 그 자체로 존재할 수 있었다.

코다의 세계로 온 것을 환영해

CODA UK&Ireland의 대표인 마리 역시 코다로 태어나 자랐다. 사촌들 중에도 유독 코다가 많아 어려서부터 코다 정체성을 일찍 습득할 수 있었다고 했다. 자라면서 소속감을 형성하지 못하고 자신과 부모를 자책하거나 원망하며 성장하는 다른 코다를 만나게 된 것이 마리에게 활동의 계기가 되었다. 처음 코다국제콘퍼런스에 참가한 후, 영국과 아일랜드 코다의 미래 세대를 지원하기 위해 2007년부터 여러 활동을 해왔다. 여름에는 코다 캠프를 열고 매달 영국과 아일랜드 각 지역에서 코다 아동이 모일 수 있는 워크숍을 여는 등 활발한 활동을 해왔다. 캠프 마지막 날, 마리에게 이런 놀라운 세계를 만나게 해주어 고맙다는 말을 전했다.

"나도 코다들이 찾아와줘서 너무 기뻐. 아이들도 너희를 보고 한국에도 코다가 있다는 걸 알게 되었을 거야. 이렇게 멋진 코다 세계를 만들어가고 있다는 걸 공유할 수 있어 감사해. 캠프에 참가한 청소년이 서로를 보고 언젠가는 수어통역사도 될 수 있고 영화감독도 될 수 있고 언어학자도, 연구자도 될 수 있다는 걸 보고 배우는 게 정말 중요해. 성인인 우리도 청소년 코다를 만나면서 어렸을 때의 기억과 경험을 마주하게 돼. 그저 바라보기도 하고 가끔은 용기를 내어 대면하기도 하고 마주 안기도 하지. 그러면서 과거의 나를 다시 만나고 용서하기도 하는 거야."

스물두 살, 나는 코다라는 단어를 처음 들었다. 그때의 내가 어렴풋이 추측할 수 있었던 건 나의 자리가 농사회와 청사회 사이의 어디쯤일 것이라는 거였다. 누군가는 코다가 농문화와 청문화 사이의 교집합이라고 했다. 그때는 그곳에 나만 있다고 생각했다. 자리에 앉아 주위를 둘러보니 더 많은 이들이 옆에 있었다. 누군가는 이미 자신의 정체성을 긍정적으로 확립했고 또 다른 이들은 불안해했다. 이제 막, 한국에 자리를 펴고 앉은 우리는 떠듬떠듬 자신의 경험을 말한다. 찬찬히 숨을 고르며 서로에게 '나도 코다다', '나도 그랬다'라고 말하며 놀랍고도 찬란한 세상에 발을 내딛는다. 먼저 자리에 앉은 이들은 두 팔을 들고 손을 돌리며 반짝이는 박수를 보내며 말한다. 이 멋진 코다 세계에 온 것을 환영한다고, 이것이 코다로서 가지는 자존감, 코다 자긍심CODA Pride이며 코다 정체성CODA Identity이라고, 여기는 코다 월드CODA World라고 말이다.

'우리나라 사람'을 만나다

아빠는 농인 국제 교류에 관심이 많았다. 미국 농인이 세계 곳곳을 수어로 소개하는 내용의 비디오를 보며, 외국의 농인이 어떻게 살고 있는지 궁금해했다. 여행을 할 때도 마찬가지였다. 아빠는 한국 음성언어를 사용하는 청인이 아니라, 수어를 사용하는 농인을 '우리나라 사람'이라고 여겼다. 나라마다 사용하는 수어가 다르더라도 말이다.

나도 그랬다. 영국의 코다 캠프에 머무르는 동안 여기가 내가 속할 곳, '우리나라'라고 생각했다. 영어와 영국수어, 국제수어와 한국수어, 한국음성언어를 섞어가며 소통했다. 상황에 따라 수어와 음성언어를 선택하며 사용하거나 동시에 사용했다. 온전히 이해받았다.

캠프가 끝나고, 코다코리아 멤버와 런던의 거리를 걸었다. 우리는 수어가 모어고, 두 번째로 음성언어를 배운 이중 언어 사용자였다. 나는 조금 떨어진 곳에 있는 그에게 손을 흔들어 수어로 말했다. 음성언어로 긴 문장을 만들어 이건 이렇고 저건 저런 이유에서 그렇다고 말하지 않고, 수어와 음성언어를 동시에 사용하며 눈을 보고 대화했다. 시끄러운 공간에서 목청을 높여 음성언어로 대화할 필요가 없었다. 상황에 따라 효율적인 언어를 선택하고 바꿔가며 사용했다. 그 방식에 재미가 들린 우리는 문자를 주고받을 때도 농인이 사용하는 문장을 사용했다.

'짧게 수어 얼굴 표정 입 사용 좋아. '아(청인)'들 말 길게 불편.'

'맞다구 정말 입 왜… 손 하다면 편하고 재밌어 좋아.'[2]

어렸을 때부터 이런 걸 하고 싶었다. 내가 가진 두 가지 언어와 문화를 충분히 이해하는 사람을 만났다. 온전히 나를 받아들이는 이와 소통하며 동생과 하는 역할 놀이를 함께할 수 있었다. 나의 정체성을 설명할 필요가 없는 코다를 만났다. 나는 아버지가 그랬듯 이렇게 말할 수 있었다. 이제야 우리나라 사람을 만났다고. 내가 코다라는 것을 인정하자 더 큰 세계가 펼쳐졌다. 나는 코다다.

2부

없던 길을 만드는 사람들,
아무것도 없는 허공에 무언가를 선언하는 사람들,
발화되지 않은 것을 발화하는 일,
선언하는 행위로서 말해지지 않은 것을 실재하게 하는 일.

주인공이
되지 못한
말들

선언이
필요한 일

"이길보라 감독은 임신중지, 몰카, 페미니즘 그런 거 말고 가벼운 글을 쓰면 좋겠어. 농인 부모 얘기하면서 장애, 배려, 따뜻한 세상 같은 거 말하면 이미지에도 좋잖아. 앞으로 큰 일 하려고 할 때 발목 잡힐지도 모르는데."

나도 그러고 싶다. 그 누구도 불편하게 하지 않으며 모두에게 사랑받는 그런 글을 쓰고 싶다. 그런데 자꾸만 무언가가 나를 멈춰 서게 한다. 발목을 잡는 건 다른 사람을 불편하게 하는 나의 글과 말이 아닐 것이다. 당신과 나의 다름이, 차이가 주는 풍성함이 되는 것이 아니라 차별이 되고 불평등이 되는 일, 이상한 것을 이상하다고 말했을 때 불편한 시선을 마주하게 되는 일, 성폭력 피해자·생존자의 용기 있는 고발과 연대의 메시지가 번번이 남성연대·사법부·정계 앞에서 부딪히는 일. 그들만의 공고한 리그와 그곳에서 나오는 말이 우리의 발목을 잡을 뿐이다.

나/우리는 계속해서 말할 것이다. 내가 하는 일이 무언가를 발화하는 일이 된다면, 발화를 촉진할 수 있다면, 그것이 '선언'의 행위가 될 수 있다면 그리할 것이다. 멈추지 않고 생각하고 쓰고 투쟁하는 일이 여성주의 연구활동가 권김현영의 말처럼 "언젠가는 우리가 이길 것이며 그러므로 바로 지금 우리는 '이기고 있다'"[3]라는 메시지가 된다면 기꺼이 그럴 것이다.

2020년 7월 6일, 서울고등법원은 세계 최대 아동 성 착취물 사이트 '웰컴 투 비디오'의 운영자 손정우가 "한국에서 처벌받는 것은 대한민국이 아동·청소년 음란물 제작을 예방하고 억제하는 데 이익이 된다"라는 이유로 미국에 송환하지 않겠다고 결정했다. 같은 날, 문재인 대통령은 수행비서를 성폭행한 안희정 전 충남지사의 모친상에 공식적으로 조화를 보냈다. 두 가지 뉴스에 분노한 이들은 절망스럽지만 자기 자리에서 할 수 있는 일을 하자며 다음의 행동을 이어갔다.

법원 누리집(홈페이지)의 '법원에 바란다'에 민원 제기하기, 법원 부조리 신고센터에 이와 같은 판결을 내린 세 명의 판사 신고하기, 법원에 탄원서 보내고 전화하기, 법원 앞에서 시위하고 기자회견 하기, 판결을 내렸던 판사의 대법관 후보 자격 박탈에 대한 국민청원 동의하기, 법관 탄핵 제도를 추진 중인 국회의원 후원하고 응원 문자 보내기, 지역구 국회의원에게 내 의견을 대신 발의하고 추진할 수 있도록 문자 보내고 전화하기, 안희정 전 지사의 성폭력을 세상에 알리고 싸웠고 생존했으며 그 과정을 기록해 출판한 김지은 씨의 『김지은입니다: 안희정 성폭력 고발 554일간의 기록』(2020)을 여러 권 구매해 선물하기.

무소불위의 권력 앞에서 우리가 할 수 있는 일은 이처럼 작고 미미하다. 법원의 결정을 무를 수도 없고 법관을 탄핵할 수도 없다. 그렇지만 이대로 가만있지는 않을 것이다. 우리는 권력이 우리를 호명하기 전에 스스로를 부르고 명명하고 선언하고 발화하고 응답할 것이다.

선언 하나, 당신을 이어 말한다

2017년 10월, 미국 할리우드 영화제작자인 하비 와인스틴의 성추문을 폭로하고 비난하는 글을 게시하고 '#MeToo' 해시태그를 다는 것으로 '미투' 운동이 시작되었다. 국내에서는 2018년 1월 서지현 검사가 〈JTBC 뉴스룸〉에 출연해 안태

근 전 법무부 검찰국장을 비롯한 검찰 내 성폭력 실상을 고발한 것을 시작으로, 사회 곳곳에 만연해 있던 성추행 및 성폭력에 대한 고발과 발언, 연대가 이어졌다. 모두가 다 알고 있었지만 말하지 못했던, '원래 다 그래'라는 말로 일축하고 무시하고 애써 잊으려 했던 일들, '내가 잘못해서, 행실이 올바르지 않아서, 처신을 제대로 하지 못해서'라며 수없이 자책했던 사건들이 수면 위로 드러났다. 주어에 '나'가 아닌 다른 여성의 이름을 붙여도 전혀 어색하지 않을 기억들이 언어를 얻었다.

나 또한 낯선 언어로 말하겠다. 이 말을 꺼내고 발화해도 괜찮다고 여길 때까지 아주 오랜 시간이 걸렸다.

초등학교를 다닐 때였다. 한 영어 선생님이 기간제로 부임했다. 그는 영어로 된 노래 가사가 적힌 인쇄물을 나눠준 후 팝송을 틀었다. 나는 허리를 꼿꼿이 펴고 노래를 따라 불렀다. 그는 능숙하게 손을 뻗었다. "어쩜 보라는 허리가 이렇게 잘록할까?" 그의 손이 허리에 닿았다. 20여 년이 지난 지금도 그 기분 나쁜 감촉을 기억한다. 몇몇 친구는 그가 다리를 만졌다며 변태라고 했다. 모범생이었던 나는 그가 나를 예뻐해서 그런 거라고, 쟤네들은 매일 불평만 한다고 생각했다. 열두 살이었다.

여자중학교를 다닐 때였다. 학교에 바바리맨이 출몰했다.

주인공이 되지 못한 말들

나를 포함한 대다수의 학생은 못 볼 것을 본 것처럼 민망해했고, 몇몇은 담벼락에 등을 기대고 성기를 노출하고 있는 그에게 휘파람을 불며 환호했다. 뒤늦게 달려온 여자 선생님이 어서 교실로 돌아가라며 바바리맨 대신 우리를 야단쳤다. 선생님은 납치와 인신매매가 시도 때도 없이 일어난다며 짧은 치마를 입지 말고 남자를 가까이하지 말라고 처신을 잘하라고 했다. 열네 살이었다.

어른들을 따라 인도를 여행하던 때였다. 배를 타고 호수를 둘러보는데 비가 내려 꽤 추웠다. 나는 배의 뒤쪽에 사공과 함께 앉아 있었다. 그는 추워 보인다며 내 허벅지에 손을 가져다 댔다. 배에는 다른 사람들도 있었다. 그의 손이 허벅지 안쪽까지 올라왔고, 내 볼에 입을 맞추고 귀에 바람을 불었다. 무언가 잘못되었다는 걸 깨달았다. 황급히 배에서 내렸고 눈물이 났다. 무서웠지만 나를 따뜻하게 해주려는 그의 마음은 진심이라고 믿었다. 혼란스러웠다. 경찰서에서 대신 진술을 했던 일행이자 성인 남성은 술에 취해 이렇게 말했다. "너 그때 나 없었으면 어떻게 됐겠냐?" 어른으로서, 목격자로서 당연히 해야 하는 일을 뻐기듯 말하는 태도에 다시 한번 상처를 받았다. 열다섯 살이었다.

고등학교를 그만두고 동남아시아 여행을 하던 때였다. 여성 혼자서 어떻게 안전하게 여행할 수 있냐는 질문을 종종 받았다. 나는 자신 있게 말했다. "해가 지면 나가지 않고요. 인도에서는 어깨와 무릎 노출이 심한 노출로 분류되는데 그렇게 입지 않았어요. 종종 그런 옷차림으로 다니다 피해를 보는 사람들이 있더라고요." 해맑은 표정으로 헤픈 여자, 그렇지 않은 여자를 구분했다. 성폭력은 피해자가 정숙하지 않아 발생하는 것이라는 사회의 통념을 그대로 받아들이고 재생산했다. 열여덟 살이었다.

모 영화제의 관객 숙소에서 '몰카'를 당했을 때였다. 공동 샤워실에서 씻고 있는데 창문이 열리며 핸드폰을 든 팔이 쑥 들어왔다. 경찰서에 가 진술하니 '몰카'를 찍었는지 안 찍었는지 어떻게 아냐고 의심스러운 표정으로 물었다. 영화제 측은 시기적절한 사과를 하지 않았다. 숙소를 옮겨달라고 요청하니 진상 고객을 대하듯 이상하게 쳐다봤다. SNS에 정황을 정리하여 올리니 여러 매체에서 〈女감독, 모 영화제 숙소에서 몰카 당해〉라는 포르노 같은 제목으로 기사를 찍어냈다. 내 프로필 사진도 함께였다. "얼굴 봐라 꼴리지도 않게 생겼네", "소라넷에 가면 있겠네" 등의 2차 가해 댓글이 넘쳤다. 기사를 쓴 기자에게 전화로 항의를 하자, 기자는 말했다. "감독님은 공인이고 저희는 알 권리가 있죠. 기자회견 하셨잖아요." 나는 기자회견을 한 적이 없다. 고소하려고 다시 경찰서에 가니 "네이버에 이름 뜨네. 고소해봤자예요. 매체는 보도

주인공이 되지 못한 말들

할 권리가 있고 국민은 공인에 대해 알 권리가 있어요"라고
했다. 공인이 무엇인지, 공인이라면 그 어떤 것이든 보도해
도 되는 것인지 의문이 들었다. 스물여섯 살이었다.

내 앞에 서서 먼저 말하고 선언하고 행동해왔던 당신의 용
기로 이어 말한다. 나 역시 방관당했고 침묵당했고 가해당했
다. 이제는 당신이 말할 차례다.

선언 둘, 나/우리는 임신중지를 했다[4]

나는 임신중지를 했다. 나의 어머니 또한 임신중지를 했
다. 나의 할머니 또한 임신중지를 했다.

사실 나는 할머니가 지우라고 한 아이였다. 첫째였는데 여
자아이라는 것이 그 이유였다. 내가 태어난 1990년에는 남아
선호사상의 영향으로 남아출생성비가 여아 100명당 116.8명
에 이르렀다. 많은 여자아이들이 '여성'이라는 이유로 선별
적 임신중지의 대상이 되었다. 그러나 어머니는 성별이 뭐가
중요하냐며 순전히 당신의 결정으로 나를 낳았다. 엄마가 동
생과 나 말고도 몇 차례의 임신을 더 했다는 것을 알게 된 건
불과 몇 년 전이다. 다 자란 나에게 자신의 임신중지 경험을
이야기하기까지, 엄마에게는 무수히 많은 시간이 필요했다.

할머니 역시 멀쩡한 아들을 낳아야 한다는 강박에 시달렸다. 딸도 낳고 아들도 낳았지만 아들 둘 모두 청력을 잃었다. 장애아는 '남성'의 범주에 포함될 수 없었고, 할머니는 '정상'의 남자아이를 낳아야 했다. 언젠가 당신이 한 번 더 딸을 낳았을 때, 할머니는 남자아이가 아니라는 이유로 아이를 병원에 데려가지 않았다.

몇 년 전, 나도 원치 않는 임신을 했다. 심장 소리를 들음과 동시에 의사는 건조한 목소리로 축하한다며 이제부터 포토북을 만들겠다고 가격을 알려주었다. 출산 계획이 없다고 말하자 그는 경멸의 눈초리로 쳐다봤다. 악몽에 시달리다 찾아간 다른 병원에서는 다짜고짜 약을 줬다. 수술에 대한 자세한 설명을 해달라고 하자 그는 귀찮은 표정을 지었다. 다시, 병원을 알아보았다. 임신중지 수술은 불법이라 정보를 얻기 쉽지 않았다. 시간이 지나고 있었지만 아무에게도 말하지 못했다. 겨우 찾은 서울의 한 병원에서는 몇십만 원의 수술비를 현금으로 내야 한다고 했다. 영양제는 옵션인데 이후 임신 계획이 있다면 권장한다고 했다. 돈이 별로 없었다. 비참했다. 수술대에 누웠고 손과 다리가 묶였다. 차가운 수술 도구가 몸에 닿았다. 끔찍했다. 얼마 후, 간호사의 손에 이끌려 회복실에 누웠는데 너무 추워 몸이 벌벌 떨렸다. 마취가 풀리자마자 그곳을 나왔다. 터미널에서 표를 끊어 버스에 타자

주인공이 되지 못한 말들

마자 눈물이 쏟아졌다. 정신이 없어 약을 타 오지 못했다는 걸 뒤늦게 알았다. 처음부터 끝까지 불안의 연속이었다. 체력은 급속히 떨어졌고 악몽이 끊이질 않았다. 이 일을 누군가에게 말하기까지 오랜 시간이 필요했다.

그런데 내가 입을 열자, 많은 이들이 고개를 끄덕이며 같은 경험이 있다고 했다. 대다수의 여성이 임신중지를 경험한다는 걸 알게 되었다. 마치 우리 엄마가 그랬듯, 할머니가 그랬듯. 그런데 이것은 왜 '말'해지면 안 되는 것인가? 임신중지를 하기 위해 병원을 찾고 비싼 수술비를 모으고 이후 수술이 잘되었는지도 모른 채 불안에 시달리는 것이 왜 전부 음지에서 이루어져야 하나? 출산율을 높이기 위해 불법 임신중지 수술에 대한 처벌을 강화하겠다고 한 정부의 입법예고안[5]과 '낙태죄[6]'는 인간을 비참하게 만든다. 그런데 이것이 왜 죄인가? 누가 그들을 죄인으로 만드는가? 가장 죄책감에 시달리는 것은 정부가 아닌 '나'다. 그 누구도 나의 비참함을 대신할 수 없다. 그런데 누가 나를 비참하게 만드는가? 나의 자궁은 나의 것이다. 지금 나의 입을 틀어막고, 나의 자궁에 대해 논하고, 나를 비참하게 만드는 것은 과연 누구인가?

선언 셋, 이제 재생산의 감정을 말할 차례다[7]

저는 임신중지 경험자입니다. 원치 않은 임신과(피임했음) 그 이후에 경험한 일련의 ×같은 과정에 대해 '낙태죄'라는 말이 있는 한국에서 공개적으로 얘기해본 적이 없습니다. 이제부터 해야지.

2020년 10월 7일, 정부가 형법상 낙태죄를 유지하되 임신 14주까지는 허용하는 법안을 입법예고하자 가수 이랑이 사회관계망서비스(SNS)에 올린 글이다. 인용 글을 작성했다.

저도 임신중지 경험자입니다. 원치 않는 임신과 그 이후에 경험한 일련의 일들에 대해 2016년 10월 〈#나는_낙태했다〉라는 칼럼으로 썼습니다. 2020년인데 아직도 낙태죄를 논합니까. 저는 이 땅의 몸의 경험들과 연대합니다.

누군가 이어받아 계속해서 이야기했으면 했다. 1971년 프랑스에서 철학자 시몬 드 보부아르, 영화감독 아녜스 바르다를 포함한 여성 지식인 343명이 "나는 낙태했다"라고 선언하며 임신중지 합법화 운동을 했다. 자신들이 법을 어겼으니 처벌하라며 항의했고, 검찰은 사법처리를 포기했다. 1974년 임신중지는 프랑스에서 합법화되었다.

'#나는낙태했다' 해시태그 운동을 함께하자고 제안했을 때, 몇몇 이들이 익명 혹은 실명으로 임신중지 경험을 풀어 냈고 그 글들은 여러 차례 공유되었다. 성폭력 피해를 공유 하며 사회적 변화를 이끈 '미투' 운동과 비슷한 맥락의 연대 라며 인용해도 되는지 묻는 질문부터 임신중지 경험자의 시 각에서 입법예고안을 어떻게 바라보는지 묻는 인터뷰 요청 까지 매체의 연락이 이어졌다.

2016년 《한겨레》에 썼던 칼럼은 신문사 측에서 메인 기사 로 끌어 올려, 다시 주목을 받았다. 4년 전, 보신각 앞에 검은 옷을 입고 모여 낙태죄 폐지를 외치던 이들과 연대하기 위해 쓴 글이었다. 2019년 4월, 헌법재판소의 낙태죄에 대한 헌법 불합치 결정으로 이제는 역사 속으로 사라질 글이라 생각했 는데, 낙태죄 유지와 다를 바 없는 정부의 결정으로 2020년 10월 너무나도 유효한 칼럼이 된 것이다. '낙태죄'가 공식적 으로 폐지된 2021년에도 임신중지에 대해 말하는 일은 여전 히 쉽지 않다.

누군가 말했다. 임신중지 경험자들의 '#나는낙태했다' 해 시태그 운동을 보며 복잡한 심경이라고. 몸과 마음이 너덜해 진 경험을 구구절절 토해내야만 세상을 바꿀 수 있는 것이냐 고. '낙태는 죄'라는 인식이 만연한 사회에서 임신중지 경험을 말하고 읽어내는 일은 쉽지 않다. 죄책감과 수치심이라는 감정이 뒤따르기 때문이다. 감정은 임신중지 경험을 '피해'의 프레임에 가두고 문제의 핵심을 가린다. 임신중지에 관한 논의는 '나의 몸은 나의 것'이라는 담론을 넘어, 무엇이 권리를 억압하며 누가 감정을 강요하고 있는지 묻는 것이어야 한다. 박이대승의 책 『임신중단에 대한 권리』(2020)는 "임신중단은 모두의 문제"라고 말하며 다음과 같은 질문을 던진다. 권리란 무엇인가? 법은 무엇을 인간으로 규정하는가? 권리의 주체가 될 수 있는 것은 무엇인가? 이 질문은 확장된다. 모두의 약속인 법은 누구를 보호할 것인가? 그 법이 보호하는 권리란 무엇이며 누구의 것이어야 하는가?

임신중지 경험을 담은 글을 쓰고 '#나는낙태했다' 해시태그 운동을 제안한 것은 한국 사회에서 아주 오랫동안 임신중지가 '죄'였기 때문이다. 죄의 영역에서 수많은 몸의 기억은 말해지지 못한 채 어딘가를 떠돈다. 불안하고 두렵고 겁이 나고 무섭고 갑갑하고 막막하고 답답하고 아찔하고 죄스럽고 초조하고 아뜩하고 암담하고 조마조마하고 캄캄한 감정. 그런데 왜 임신중지는 그런 감정과 함께여야 하는가? 누가, 무엇이 재생산을 둘러싼 감정을 강요하고 단속하는가?

어떤 경험은 말을 하고 나면 명확해진다. 사라지기도 하고 더 선명해진다. 그 주위로 몸의 경험이 모여든다. 이것은 '죄'

가 아니라 '권리'를 침해당한 이야기이며, 수치심과 죄책감이라는 감정을 강요당한 이야기다. 나는 임신을 지속하지 않기를 선택했다. 임신중지를 한 후 거짓말같이 입맛이 돌아왔다. 그건 '행복한 임신중지'였고 나라는 인간의 기본권을 지킨 결정이었다.

입으로 옮겨보고
발음되어야 할 것들

"개인적인 것이 정치적인 것이다." 독일 녹색당 창당을 이끈 환경운동가이자 페미니스트인 페트라 켈리[Petra Karin Kelly]의 말이다. 정치적이지 않은 행위와 말하기, 쓰기는 없다. 인간은 사회적 관계 속에서 살아가고 그 안에서의 선택은 사회와 역사의 맥락 안에 존재한다. 고로 정치적이다. 그리하여 나는 가장 개인적이고 정치적인 방법으로, 말하기와 쓰기를 택했다.

2016년 한 일간지에서 칼럼 연재를 제안받았고, 어떤 글을 쓸지 고민했다. 기존 매체를 만들고 유지해온 이들의 사회·경제적 계급에 따른 경험 및 관심 분야로부터 출발하는 기사와 다른 결을 지닌 이야기는 무엇일까? 1990년생 여성이자 코다인 나는 어떤 이야기를 할 수 있을까? 신문이 사회 곳곳

주인공이 되지 못한 말들

에서 일어나는 이야기를 다룬다면 내 삶의 이야기, 주변에서 일어나는 일들 역시 활자화되어야 한다. 사회·정치면에 현행 '낙태죄'에 대한 기사가 실린다면 그 법으로 고통받는 현장의 목소리와 경험 역시 다뤄져야 한다. 한국 사회가 다양성에 대해 고민하는 사회라면, 혹은 고민하기를 바란다면 지면에는 그동안 언어를 가지지 못했던 이들의 이야기가 실려야 한다. 고민 끝에 그동안 터부시되었던 것을 발화하고, '이런 게 지면에 실린다고?' 생각할 법한 소재를 전면적으로 다루기로 했다.

임신과 출산을 할 수 있는 가임기 여성으로서 가장 혁신적이라 생각하는 생리컵에 대해 예찬하며 글 쓰기, 여성의 성적 욕구 역시 남성의 그것만큼이나 당연하게 여겨져야 하며 자유롭게 논할 수 있어야 한다는 메시지를 담아 여성용 바이브레이터를 지면을 통해 추천하기.

생리컵과 바이브레이터[8]

2017년 초, 홍콩에 다녀왔다. 함께 간 친구가 생리컵이 필요하다고 해 시내의 한 성인용품점에 들렀다. 매장에 들어서니 파스텔 톤의 섹스 토이들이 한눈에 들어왔다. 한 커플이 진지하게 이야기를 나누고 있었고 사장과 점원('스타일리스트'라 부른다)이 새로 들어온 남성용 바이브레이터를 테스트하고 있었다.

생리컵의 종류와 색상은 다양했다. 친구가 어떤 것을 살지 고민하자 스타일리스트가 생리컵이 처음이라면 재질이 부드러운 것을 추천한다며 말을 건넸다. 생리컵 12년 차인 나도 거들었다.

나는 열아홉 살에 처음 생리컵을 사용했다. 푹푹 찌는 여름에 피가 고인 생리대를 차고 다니느라 스트레스가 이만저만이 아니었다. 청결도를 유지하기 위해서는 생리대를 자주 갈아야 했는데 그럴 때마다 무수히 많은 쓰레기를 만들어낸다는 죄책감에 시달렸다. 그러나 딱히 대안은 없었다. 일회용 생리대를 사고 쓰고 몇 시간 후에 버리며 자책감을 느꼈다. 그런데 여행을 좋아하는 지인이 생리대 대신 써보라며 보여준 그것은 가히 '혁명'이었다. 생리컵은 그간의 고민을 모두 날려버리는 '인류 최고의 발명품'이었다. 단돈 4만 원에 생리대를 더 이상 사지 않아도 되었으며 나의 몸에서 흘러나오는 피를 마주할 수 있었다. 냄새나고 축축한 생리대를 누가 볼 새라 황급히 휴지와 비닐로 돌돌 싸서 버리는 것이 아니라 몸에서 배출된 생리의 양과 핏빛을 체크하며 나의 몸을 돌아볼 수 있었다. 무엇보다 굉장히 편리했다. 세탁기의

주인공이 되지 못한 말들

발명이 여성 가사노동의 해방을 가져왔다면 생리컵은 생리대로부터 해방되는 첫 출발점이었다. 그날 이후로 만나는 사람마다 생리컵을 전도했다. 여성이고 남성이고 가리지 않았다. 여성에게는 여성해방사상을, 남성에게는 '애인, 엄마, 누나, 여동생에게 생리컵을 선물하는 훌륭하고 멋진 남성이 되라'라는 사상을 전파했다. 대부분이 질 안에 무언가를 넣는 것을 두려워하고 주저했지만 써본 이들은 모두 해외배송 '직구' 버튼을 누름으로써' 여성해방전선에 합류했다. 더 이상 가임기 여성이라는 이유로 지구에 나쁜 짓을 한다는 죄책감을 가지지 않아도 되었다. 생리대를 쓰지 않으니 가뿐해졌다. 축축한 무언가를 계속해서 입고 다닐 필요도 없었다. 혁명이었다.

친구는 나의 추천에 따라 비교적 크기가 큰 생리컵을 골랐다. 다음으로 우리가 고른 것은 우머나이저였다. 독일산 바이브레이터로 온라인 커뮤니티에서 '인생 최고의 오르가슴'을 느낄 수 있다며 입소문을 탄 제품이었다.

"오, 이거 봐. 대박!"

친구와 나는 다양한 크기와 색상의 바이브레이터를 만져보며 깔깔댔다. 스타일리스트는 각각의 제품이 어떤 기능을 갖고 있는지 자세하게 설명했다. 나는 친구에게 나의 성적 취향을 공유했는데 부끄러웠지만 후련했다. 유쾌한 경험이었다. 한국에도 여성 친화적 성인용품점이 여럿 있다고 들었는데 그곳에 거리낌 없이 들어갈 수 있을까 하는 생각이 먼저 들었다. 홍콩에서 우리가 그랬듯 누구나 수치심 없이 생리컵과 바이브레이터, 피임용품을 사러 갈 수 있다면 정말로 좋겠다며 웃었다. 나는 한 치의 주저함 없이 우머나이저를 골랐고 인류 최고의 발명품 리스트에 올리기로 했다.

보지 목걸이와 노브라[10]

2017년 네덜란드 암스테르담에서 석사 유학을 시작하면서 좀 더 개방적인 관점을 갖게 되었다. 성노동이 합법인 나라에서 '성'에 대해 이야기하는 일은 경계 없이 일어났다. 성을 논하고 예술작품으로 창작하고 전시하고 관람하고 그것이 다시 테이블 위의 화제가 되는 일은 매우 일상적이었다. 어느 날, 길을 걷다 대로변 집 창문에 걸린 분홍색의 무언가를 발견했다. 푸시 펜던트, '보지 목걸이'였다. 여성의 성기 모양을 한 목걸이들이 대롱대롱 걸려 있었다. 당황한 기색을 숨기고 애써 태연한 척하며 뒷걸음질 쳐 다시 작업실로 고개를 돌렸다. 네덜란드 여성과 눈이 마주쳤다. 작업실의 주인이자 아티스트인 데니스 로젠붐Denise Rosenboom이었다. 민망한 마음에 엄지를 들어 눈인사를 했다. 다음 날, 그에게 메일을 보내 인터뷰 요청을 했다.

보지 목걸이의 모양은 다양했다. 사람마다 성기 모양이 다르듯 피부 색깔과 크기에 따라 하나씩 손수 만든다고 했다. '보지'만 있는 것은 아니었다. 다양한 색깔의 고환, 불알 목걸이도 있었다. 네덜란드의 예술학교를 졸업하고 그래픽 디자인을 해온 데니스는 친구들과 남아프리카의 한 축제에 가게 된 것이 작업의 출발점이라고 설명했다.

"굉장히 실용적인 목적에서 시작한 프로젝트예요. 돈이라는 화폐를 가져갈 수도 사용할 수도 없는 축제에서 무엇으로 물물교환을 할까 생각하다 친구들이 제게 무언가를 만들어 볼 것을 제안했죠. 처음에는 목걸이, 팔찌 등의 액세서리를 생각했어요. 그러다 보지 목걸이가 생각난 거예요."

그는 자유로운 환경에서 자랐기에 이 작업을 시작할 수 있었다고 말했다. 그도 그럴 것이 작업실에서 한두 블록만 지나면 딜도는 물론이고 각양각색의 성인용품이 전시되어 있는 네덜란드 특유의 성인용품점 거리가 있다. 성노동자들이 일하는 암스테르담 홍등가는 바로 건너편이다. 축제 이후 그는 전 세계 곳곳에서 문의 메일을 받았다.

"반응이 굉장히 다양해요. 아무렇지도 않게 인사를 주고받다가 '혹시 이게 내가 생각하는 그거냐'라고 물어 오기도

하고 그렇다고 하면 당황하거나 민망해하고 웃음을 터뜨리
죠. 좋아하는 사람도 있고요. 물론 화를 내는 사람도 있어요.
기분이 나쁘냐고요? 아뇨, 이렇게 다양한 반응을 마주하는
것 자체가 예술가로서 너무 흥미로운 일이죠. 제 작업이 이
런 담론과 대화를 촉발하고 일으킨다는 뜻이잖아요? 그게
바로 예술이죠. 사람들은 항상 이렇게 물어요. 왜 '보지'냐고.
그럼 저는 이렇게 대답하죠. 왜 보지가 아니어야 하는데요?"

　데니스는 저마다 지니고 있는 고유성을 축복해야 한다고
했다. 아름다움을 하나의 무언가로 정의 내릴 수 없듯, 저마
다의 독특함과 고유함이 가장 아름다운 것이라고 말이다.

　어떻게 이 다른 모양과 색깔의 성기 모양을 디자인해왔는
지 묻자, 주문 제작 의뢰가 종종 들어온다며 몸의 아름다움
을 간직하고 기억하고 싶은 이들이 성기 사진을 찍어 보내면
모양 그대로 목걸이를 만들어 배송한다고 했다. 그는 가장
기억에 남는 순간을 하나 꼽았다. 특강을 하러 갔는데 주문
제작으로 만든 목걸이를 목에 걸고 있는 여성과 눈이 마주쳤
던 때다. 둘은 말없이 지지와 격려의 눈인사를 주고받았다.

　2018년 6월, 서울 강남구 페이스북코리아 앞에서 여성단
체 '불꽃페미액션'이 여성의 나체는 음란물로 규정하면서 남
성의 사진은 삭제하지 않는 차별 규정에 항의하며 '상의 탈
의' 퍼포먼스를 벌여 큰 논란이 되었다. 그런데 그건 그냥 몸

이 아닌가? 손이 손이고 발이 발인 것처럼 가슴도 가슴일 뿐이다. 남성의 젖꼭지를 노출해도 사회적으로 문제가 되지 않는 것처럼 여성의 젖꼭지 또한 그래야 한다. 여성의 상의 탈의는 왜 논란이 되고 화제가 되어야 하는가? 노브라도 마찬가지다. 오래전부터 노브라 생활을 해왔던 내게 사람들은 왜 브래지어를 하지 않느냐고 묻는다. 그러나 그들은 남성의 젖꼭지에는 질문하지 않는다. 그럼 보지라고 다를까? 보지는 왜 '보지'라고 호명하는 것조차 사회적으로 금기시[11]되며 철저히 가려진 존재여야 하는가? 노브라에 보지 목걸이, 젖꼭지가 훤히 드러나는 딱 붙는 스웨터에 하이힐을 신은 채 자전거를 타고 달려도 아무렇지 않은 이곳, 네덜란드는 무언가 잘못되어도 대단히 잘못된 사회일까? 데니스의 대답을 떠올린다. 왜 보지가, 젖꼭지가 아니어야 하는데요?

여성에게
더 많은 마이크를

여성가족부에서 주관하는 성평등 행사의 심사 자리였다. 영화·음악 부문의 심사위원으로 위촉되었는데 심사위원은 한 아트홀 대표인 중년 남성 A, 여성 싱어송라이터 J, 나 이렇게 세 사람이었다. A를 비롯한 1차 심사위원이 추린 작품을 J와 나, A가 2차 심사위원이 되어 심사하면 여성가족부 관계자, 양성평등 관련 전문가로 구성된 3차 심사위원이 최종 작품을 선정하는 식이었다. A는 자리 앞에 놓인 이름과 직함을 보고는 영화 일을 하느냐고 물었다. 그렇다고 대답하자 그는 대뜸 어느 학교를 나왔는지 물었다. 너무 오랜만에 들어보는 학연·지연을 가늠하는 돌직구형 인사법에 당황하며 한국예술종합학교 영상원을 졸업했다고 하자 그는 중앙대 영화과를 나왔다고 말했다.

"나도 영화를 전공하고 영화판에 있었어요. 제가 학교 다닐 때는 영상원이 없었고 중앙대 영화과가 제일 잘나갈 때였거든요."

'안 물어봤는데요'라는 말이 목 끝까지 차올랐지만 예의 있는 심사위원이 되기 위해, 오늘의 심사를 무사히 마치기 위해 꾹 참았다.

누가 먼저 발언권을 가지나

안내에 따라 심사 대상 작품을 감상한 후 점수를 매겼다. 작품 수가 많지 않아 추리는 건 어렵지 않았다. 후보로 올라온 작품 중에 꽤 괜찮은 퀴어 영화가 있어 평가표에 그 작품을 적어 넣었다. 잠시 후, 세 명의 심사위원이 모여 심사 회의를 시작했다. A가 먼저 입을 열었다. 그는 자신이 본 작품을 차례로 열거하며 그 퀴어 영화를 언급했다. 완성도가 뛰어나지만 양성평등이라는 이 공모전의 심사 주제와는 맞지 않다며 논외로 해야 한다고 주장했다. 이게 무슨 소리야? 퀴어 영화가 성평등 공모전의 주제와 맞지 않다니. 너무 이상한 말이라 그의 말이 끝나면 동의하지 않는다고 논리적이고 명쾌하게 반박하기 위해 말을 고르고 있는데 J가 먼저 말을 꺼냈다.

"저는 '성평등'이라고 하는 것이 퀴어와 같은 성소수자를 포함한다고, 또 그래야만 한다고 생각합니다."

놀랐다. 조용하고 수줍음이 많은 사람인 줄 알았는데 J의 입에서 나온 문장은 너무나 적확하고 명료했다. 나도 가세했다.

"저 역시 그렇게 생각합니다. 일단 이 영화는 작품성이 뛰어나고요. 퀴어영화와 성평등이 다른 이슈라고 생각하지 않습니다."

J와 내가 웃음기 없는 표정으로 말하자 A는 한 번 더 의견을 피력했다. 우리가 의견을 굽히지 않자 그는 동의하지 않지만 다수결의 원칙에 따르겠다고 했다. 두 명의 심사위원은 퀴어 영화를 3차 심사 대상 작품으로 올리는 것에 동의했고 A는 동의하지 않았지만 중립으로 점수를 바꿨다. 다수결의 원칙에 따르면 세 명 중 두 명이 동의했으니 이 영화가 다른 영화보다 높은 점수를 받아야 했지만 최종 평가 점수는 그다지 높지 않았다. 그가 꽤 낮은 점수를 책정했기 때문이다. 둘과 하나가 부딪혀서 이기는 것이 아니라 겨우 동점이 되는, 다수결의 원칙에 맞지 않는 상황이었다. 여기에는 A의 성별, 나이, 사회적 지위와 직함, 심사경력이 작용했다. 제일 나이 많고 사회적 지위가 높은 남성 대표의 의견과 그보다 어리고 사회적 지위도 낮은 두 명의 여성 예술가의 의견이 부딪히

주인공이 되지 못한 말들

자, 다수결의 원칙으로 정리되는 것이 아니라 성별과 지위, 나이에 따라 '은근히' 정리되고 결정되었다.

공모전의 최종 작품은 3차 심사에서 결정이 된다. 2차 심사위원의 역할은 심사를 보고 결과표를 전달하는 데까지였지만 내심 걱정이 되었다. 최종 심사위원 중 A와 같이 생각하는 사람이 있을 수 있기 때문이었다. 3차 심사위원들이 작품 선정 이유와 기타 의견이 있다면 자유롭게 말해달라고 했다. 누가 먼저 말하면 좋을지 눈치를 보고 있는데 A가 아무렇지 않게 먼저 입을 열었다.

"저희가 세 개의 작품을 선정하게 된 이유는 이와 같습니다."

나는 눈을 동그랗게 뜨고 A와 J를 쳐다보았다. J 역시 당황한 표정이었다. A는 개의치 않고 계속해서 말을 이었다. 이상했다. 누가 그에게 가장 먼저 말할 권리를 준 거지? 왜 그는 자신이 심사위원 대표인 것처럼 행동하지? J와 나는 누가 먼저 말할지 어떻게 이야기할지 생각하고 있는데, 왜 그는 아무런 고민 없이 말하지? 그는 문제의 퀴어 영화를 언급하며 이건 이런 연유에서 이렇게 선정했다고 설명했다. 나는 적절한 타이밍에 말을 끊어야겠다고 생각했고 즉시 시행했다.

"그런데 저희가 작품을 추리는 과정에서 이런 논의가 있었음을 알아주셨으면 하는데요. A 심사위원께서는 해당 작품이 퀴어 영화라 공모전의 성격과는 맞지 않다고 하셨지만 저와 J는 동의하지 않습니다. 왜냐면 양성평등, 아니 성평등은 궁극적으로 퀴어를 포함하고 있고 이것을 안고 가야 하기 때문입니다. 그런 논의 끝에 이 작품을 올리게 되었다는 걸 꼭 유의해주시길 바랍니다."

나는 J와 A, 3차 심사위원과 차례로 눈을 마주치며 힘주어 말했다. 나는 곧장 발언권을 J에게 넘겼다.

"A께서 먼저 심사평을 시작하셨는데요. 혹시 J 심사위원, 이 부분에 대해 덧붙일 다른 의견이 있으신지요?"

내가 잡은 발언의 기회를 공평하게 나누고 넓히고 싶었다. 사회적 지위가 높고 나이가 많은 남성이 가장 먼저 쥐게 되는 발언권과 마이크, J는 그걸 넘겨받았다.

"감독님께서 잘 말씀해주셨고요. 저는 여성가족부가 말하는 '성평등'이라고 하는 것이 보다 더 높은 지점을 향해야 한다고 생각합니다. 양성평등이니까 퀴어를 포함하지 말자고 말하는 것이 아닌, 양성평등에서 성평등으로 나아가는 것, 또한 A부터 Z까지 분류되거나 혹은 분류되지 않은 수많은 성정체성을 지닌 이들을 품는 것 말입니다. 정부의 정책이 그렇게 조금 더 멀리 나아갔을 때 창작자는 그 안에서 혹은 바깥에서 더 자유로운 작품 활동을 할 수 있습니다."

주인공이 되지 못한 말들

우리는 더 많은 마이크를 쟁취해야 한다

　누군가는 당연하게 마이크를 잡았다. 나는 화가 났지만 공손하게 마이크를 뺏었다. 최대한 하고 싶은 말을 한 후 다른 여성 심사위원에게 마이크를 넘겼다. 그는 그 마이크를 우리뿐 아니라 동시대의 창작자를 대표해 사용했다. 발언권, 마이크는 이렇게 쓰는 것이다. 언젠가는 심사위원과 같은 일을 하기에는 아직 어리다고, 경험이 부족하다고 생각했다. 그러나 이제는 할 수 있을 때 더 많이 해야 한다고 믿는다. 내가 잘나서가 아니라 '나'를 대변하지 못하는 누군가가 무언가를 결정하도록 두면 안 된다고 생각하기 때문이다. 우리를 대변할 수 있는 누군가가 심사위원이, 대표가 되어야 한다. 무엇보다 동아시아 유교국가의 예의와 질서는 지킬 만큼 지키지 않았나! 이제는 더 많은 발언권을 쟁취하자. 발언권을 어떻게 확장할 수 있을지 함께 고민하자. 마이크를 잡았을 때는 나뿐만 아니라 여성과 장애인, 성소수자, 청소년, 노약자, 동물을 비롯한 이들을 위해 사용하자. 여성에게 더 많은 마이크를, 당신과 나에게 마이크를!

✦
우리는
이기고 있다

'온라인퀴퍼'가 열렸다. 매년 6월이면 열리는 서울퀴어문화 축제가 코로나19 확산으로 연기되자 미디어 스타트업 '닷페이스'가 온라인으로 모두가 함께할 수 있는 퀴어퍼레이드를 연 것이다. 프로젝트의 이름은 말 그대로, '우리는 없던 길도 만들지'.

모바일 링크를 통해 접속하면 자신이 원하는 얼굴 표정과 머리 모양, 옷, 탈것과 들것을 인형 옷 입히기처럼 선택할 수 있다. 도로 위를 행진하는 나만의 캐릭터가 만들어지면 사진첩에 저장해 인스타그램에 지정된 해시태그와 함께 게시하면 된다. '#우리는없던길도만들지 #온라인퀴퍼' 해시태그를 클릭하면 분명히 혼자 걷고 있던 캐릭터 앞뒤, 양옆으로 수

94

많은 캐릭터가 등장한다. 다들 휘황찬란하게 멋지게 섹시하게 입고 싶은 대로 차려입었다. 걷거나 휠체어를 타거나 오토바이를 몰며, 다양한 정체성을 상징하는 깃발을 들고 행진했다. 사람만 있는 건 아니었다. 일하느라 지금 퀴퍼에 갈 수 없으니 대신 고양이를 보내겠다며 고양이 사진을 캡쳐해서 올리기도 하고, 길 저편에서 확성기를 울리며 반대집회를 하는 혐오선동세력의 이미지를 올리기도 했다. 배고프니까 먹고 해야 한다며 푸드트럭 사진도 깨알같이 올라왔다. 홍보부스 역시 빼놓을 수 없다. 콘돔 등의 각종 피임기구를 팔고, 자위기구를 홍보하고, 무지갯빛 소품을 전시하는 등 평소 서울퀴어문화축제 부스에 차려지는 수많은 물품이 등장했다. 해시태그를 따라 스크롤을 쭉 내리면 행진하는 참가자들, 무대위에서 큰 스피커를 배경으로 노래하는 뮤지션, 긴 현수막을 들고 함께 걷는 여성 민우회 등의 여성·퀴어 단체, 너희들을 언제나 사랑한다며 프리 허그 캠페인을 하는 성소수자 부모모임까지 끝도 없는 행진이 펼쳐졌다.

오프라인 서울퀴어퍼레이드를 그대로 온라인으로 가져다놓은 것처럼 보이는 이 프로젝트는 시작한 지 하루만에 6만여 명이 참가했고 총 8만 6,225명이 퍼레이드 참가 게시글로 해시태그를 달아 온라인 행진에 참여했다. 무지갯빛만 있는 건 아니었다. 프로젝트를 방해하기 위해 퍼레이드와 상관없는 사진이나 비방 글을 동일한 해시태그를 달아 올리는 이들도 있었다. 사람들은 아름답지만은 않은 현실 세계의 퀴어퍼레이드를 보는 것 같다며 지지 않고 계속해서 신고하기 버튼을 누르는 것으로 온라인 퍼레이드를 이어갔다. 가상현실의 퀴어퍼레이드였지만 많은 사람들과 연결되는 경험이었다. 어떤 이는 올해 퀴어퍼레이드에 참가할 수 없어 속상했는데 이 프로젝트를 통해 나 혼자가 아니라는 느낌을 받았다고 했다. 나도 그랬다. 휠체어를 타고 멋진 조개 모양 탑을 입고 깃발을 들고 행진하는 내 캐릭터 옆으로 익명의 캐릭터들이 함께 서 있는 것을 바라보는 일은, 낯선 이들과 광장에서 함께 동일한 구호를 외치는 것 같았다. 없던 길을 만드는 사람들, 아무것도 없는 허공에 무언가를 선언하는 사람들, 발화되지 않은 것을 발화하는 일, 선언하는 행위로서 말해지지 않은 것을 실재하게 하는 일. 누군가는 허공에 대고 외치는 것이라 폄하하겠지만 우리는 안다. 말을 하기 전과 하고 난 후는 분명히 다르다는 걸. 선언하고 호명하면 누군가가 말한다는 걸. 나도 그랬다고, 나 역시 그렇다고. 응답이 하나둘 모이면 물결이 되고 공동의 경험이 된다. 행진과 퍼레이드가 되어 강력한 힘을 지닌 메시지가 된다. 우리는 각자의 자리에서 크고 작게 말하고 선언하고 호명하는 일을 해왔고 그에 답하는 일을 해나가고 있다. '미투'라는 이름으로, 다양한 방식의

주인공이 되지 못한 말들

말하기와 듣기를 통해, 각자의 최전선을 지키며.

자유로운 사람은 굴복하지 않아요

"저희는 1990년대생으로, 독립한 우크라이나에서 태어났으며 조국의 국경과 애국심의 의미를 잘 알고 있어요."

넷플릭스 다큐멘터리 영화 〈윈터 온 파이어: 우크라이나 자유 투쟁〉(2015)에 등장하는, 1990년대생 여성들이 만든 '광장 여성 수비대'의 안나 코벨란코가 한 말이다.

2013년 11월 21일, 우크라이나 정부가 EU 조약 체결을 무기한 연기하고 러시아에 경제 의존을 할 것을 발표하자 이에 반발하는 시민들이 수도 키예프의 독립 광장에 모인다. SNS를 통해 시위 소식이 빠르게 번지고 대학생들이 합류하면서 80만 명에 이르는 대규모 집회가 된다. 정부 및 경찰은 시위대를 폭력적으로 진압한다. 자유 투쟁은 93일간 지속된다. 시민들은 우크라이나 의회가 집회와 시위를 강력하게 규제하는 법률(공공장소에서 마스크와 헬멧 착용을 금지하는 법안 포함)을 통과시키자 냄비와 프라이팬을 뒤집어쓰고 광장에 다시 나간다. 마침내 야누코비치 대통령을 탄핵한다. 영화 속의 키예프 독립 광장의 풍경은 겨울이다. 2016년 겨울부터 시작된 박근혜 퇴진운동 촛불집회의 풍경과 비슷하다. 우크라이나의 한 시민은 말한다.

"이들은 독립국가에서 성장한 훌륭한 세대이며 자유로운 국민으로 성장했습니다. 자유로운 사람은, 누구에게도 굴복하지 않아요."

2016년 7월 이화여대 학생들이 미래라이프 대학 설립에 반대하며 농성을 시작했다. 경찰의 폭력 진압 앞에서 손을 잡고 부른다. 민중가요가 아닌, 소녀시대의 〈다시 만난 세계〉를.

그 시점으로부터, 경찰의 폭력 진압 앞에서 손을 잡고 불렀던 〈다시 만난 세계〉로부터 우리들의 저항은 시작되었는지도 모르겠다. 독립한 국가에서 태어나, 민주정부를 경험하고 반공이 아닌 평화를 경험하고, 이후 이명박-박근혜 정권을 겪지만 그 누구에게도 굴복하지 않는 자유로운 영혼을 가진 세대. 촛불집회로 대통령을 탄핵하고 새로운 정부를 뽑고 이후 스스로를 페미니스트라고 부르며 미투 운동으로 "나도 그랬다"라고 말하며 각자의 자리에서 선언을 이어나갔던 사람들. 그러나 'N번방'을 비롯해 여성과 소수자를 향한 폭력은 형태와 양상을 바꿔 반복된다. 가끔은 아무것도 변하지 않는 것은 아닌지, 세상을 바꿀 수 있다고 착각하고 있는 건 아닌지 하는 무력감이 몰려온다. 그럴 땐 주위를 둘러보자. 함께 걷고 있는 이들의 얼굴을 보자.

주인공이 되지 못한 말들

세상은 변하고 있고 우리는 "이기고 있다". 나보다 앞서간 이가 해온 말과 행동 위에 내가 서 있다. 내가 하는 선언과 행동 위에 나중에 오는 이가 서게 될 것이다. 생각하고 의문을 품고 용기를 내어 말하고 선언함으로써 우리는 지형을 바꿔나간다. 당신과 나의 말하기는 판을 바꾸고 뒤집는 일이 된다. 그래서 나는 오늘도 당신을 이어 말한다.

3부

우리는 아직도 옆 사람과 비교하고 경쟁하며 살아간다.
문제는 옆 사람이 아니라 시스템 자체다.
나는 나 대신 다른 이를 탈락시키며 아득바득 살아내고 싶지 않다.
더 이상 친구들에게 미안해하고 싶지도 않다.
그건 당신과 나의 몫이 아니고, 또 아니어야 한다.

'필요함'의
목록들

우리에게
'잘 곳' 아닌 '살 곳'을

10대 후반부터 주거 문제는 나의 화두였다. 고등학교에 진학하며 햇빛 한 줄기 들어오지 않는 고시원 지하에 살았다. 이후 기숙사로 옮겼고, 학교를 자퇴하고 여행을 다닐 때는 게스트하우스의 다인실을 전전했다. 서울에 살고 싶어 하숙을 했고 기숙사에 살거나 자취를 했다. 전세로 살고 싶었지만 보증금이 없어 월세를 내야 했다. 세를 낼 때마다 큰돈을 떡하니 내주는 부모를 가진 친구들이 부러웠다. 갖가지 알바를 하며 돈을 모았다. 매일같이 인터넷으로 집을 둘러봤다. 가진 돈으로는 어림도 없었다. 매물을 보면 볼수록 우울해졌다. 하루 중 많은 시간을 보내는 집이 마음에 들지 않으니 인생이 고달프게 느껴졌다. 그러다 '대학생 전세임대주택' 사업을 알게 되었다. 지원 서류가 까다로웠다. 내가 얼마나 가난한지를 직접 증명해야 했다. 우여곡절 끝에 지원을 받게 되었고 설레는 마음으로 부동산을 찾았다. "저, LH로 집을 찾는데요." 입을 열자마자 중개인이 손을 내저었다. 부동산을 돌고 또 돌았다. 어떤 중개업자는 안 그래도 전세가 없는데 어디서 이런 거 가지고 전세를 찾냐며 혼을 냈다. 부끄러웠다. 그래, 내 돈이 아니긴 하지. 그러나 친구들은 월세 부담이 덜하지 않냐며 부러워했다. 그렇긴 하지. 이를 악물었다. 그렇게 구한 집에서 2년을 살았고 또 이사를 가 2년을 살았다. 월세 부담을 더니 부모로부터 경제적 독립을 할 수 있었다.

상대적 박탈감의 사회

대학을 졸업하니 또 집이 문제였다. 예술가를 대상으로 한 공공주택의 면접을 보러 갔다. 대부분이 나이가 꽤 있어 보였다. 40대 초반의 여성이 입을 열었다.

"연극을 하는데 원룸에 산 지 20년째예요. 모아둔 돈도 없고요."

지원자들은 하나둘 자신의 가난을 증명하고 경쟁했다. 이상했다. 내가 돈은 없어도 자존심은 있는데. 우리 다들, 그런

예술가 아닙니까? 억울하고 화가 났다. 차례가 돌아왔다. 이런 면접은 이상하다며 자리를 박차고 나가거나 타협을 해야 했다. 고민하다 솔직하게 말하기를 택했다. 이곳이 가난을 증명하고 경쟁하는 자리가 되어서는 안 된다고, 복잡한 마음이지만 지금 나에게는 이 집이 꼭 필요하다고.

한 달 후, 입주자로 선정되었다는 문자가 왔다. 당분간은 이사를 하지 않아도 된다는 기쁜 소식이었다. 주거 문제가 해결되자 다른 고민을 더 할 수 있게 되었다. 월세를 버는 시간에 신문을 펼쳐보며 세상 걱정을 할 수도 있었다. 기본소득이 왜 중요한지, 프랑스의 주택보조금 제도가 왜 존재하는지 알 것 같았다. '이렇게 좋은데' 하고 소리치고 싶은데 입을 열기 어려웠다. 집이 없는 친구들은 여전히 월세 집을 전전하고 돈을 버는 족족 세를 내느라 힘겨워하고 있었기 때문이다.

연간 500파운드의 돈과 자기만의 방이 있다면

버지니아 울프는 영국 케임브리지대학에서 '여성과 픽션'에 대한 강연 요청을 받자 두 편의 논문을 쓴다. 그 글을 발전시켜 1929년 『자기만의 방』이라는 책으로 펴낸다. 신문사에 글을 기고하거나, 봉투에 주소를 쓰고, 노인들에게 책을 읽어주고, 어린아이들에게 철자법을 가르쳐주며 푼돈을 벌던 버지니아 울프는 낙마 사고로 죽은 숙모 메리 비턴으로부터 매년 500파운드의 돈이 지급된다는 편지를 받는다. 경제적으로 안정된 조건을 갖게 되자, 그에게는 '자기만의 방'이 생긴다. 안정적인 창작 생활을 할 수 있게 된다. 버지니아 울프는 자신의 경험을 바탕으로 가난이 작품 활동에 어떤 영향을 미치는지, 여성이 처한 현실과 예술작품의 창조는 어떤 연관성을 가지는지 질문한다.

훌륭한 저녁 식사는 훌륭한 대화를 나누는 데 대단히 중요한 요인이라고, 저녁 식사를 잘 하지 못하면 사색을 잘할 수 없고 사랑도 잘할 수 없으며 잠도 잘 오지 않는다고 말한다. 그리하여 "내가 할 수 있는 일이라고는 고작해야 별로 중요해 보이지 않는 한 가지 의견, 즉 여성이 픽션을 쓰기 위해서는 돈과 자기만의 방이 있어야 한다는 의견을 제시하는 것"이라고 말한다.

나는 내가 사는 곳이 좋다. 적은 비용으로 월세를 내니 돈을 더 벌지 않아도 되는, 시간과 경제적 여유가 생겼고 다음번 이사를 걱정하지 않을 수 있게 되었다. 하고 싶지 않은 일을 하며 돈을 버는 대신 하고 싶은 일을 할 수 있는 여유가 생겼다. 이곳에서 평생 살 수 있다면 예술가로서, 인간으로서 더 많은 일을 할 수 있을 테다. 누군가는 모두가 임대주택에

'필요함'의 목록들

살면 되는 것이냐고 묻는다. 아니다. 살아보니 서재용 공간
을 갖고 싶다. 무거운 짐을 옮기고 휠체어를 탄 친구들이 놀
러 올 수 있도록 공용 엘리베이터도 설치해야 하고, 손님에
게 기꺼이 내어줄 방도 있어야 한다. 요가를 하고 명상을 할
방도 있어야겠지. 월세를 낼 돈을 벌고 보증금을 걱정하고
다음 이사를 걱정하지 않으며 사색하고 산책하고 사랑할 수
있도록 아늑하고 넓은 집이 필요하다. 저녁 식사를 준비하
고 말끔한 옷을 사 입을 수 있는 돈도 필요하다. 지금 거주하
는 임대주택은 소득과 자산 기준에 부합하지 않으면 재계약
을 할 수 없다. 현재의 '자기만의 방'은 조건부다. 안정적으로
창작을 할 수 있는 조건 없는 자기만의 방, 연간 500파운드와
같은 기본소득은 어떻게 가능할까?

우리에게 필요한 건 경쟁 아닌 시스템

  2017년 1월, 쪽지 하나가 SNS에서 회자되었다. 독서실 자
리에서 마주한 포스트잇의 문구다. "죄송한데 공시생인 것
같은데 매일 커피 사 들고 오시는 건 사치 아닐까요? 같은 수
험생끼리 상대적으로 박탈감이 느껴져서요…. 자제 좀 부탁
드려요…."

우리는 아직도 옆 사람과 비교하고 경쟁하며 살아간다. 문제는 옆 사람이 아니라 시스템 자체다. 나는 나 대신 다른 이를 탈락시키며 아득바득 살아내고 싶지 않다. 더 이상 친구들에게 미안해하고 싶지도 않다. 그건 당신과 나의 몫이 아니다.

'필요함'의 목록들

보험을 왜 개인이
직접 설계해야 하죠

보험 들어두면 좋다고, 나쁠 거 하나도 없다고 말한다. 그런데 이 비싸고 좋은 걸 할 수 없는 이들도 있다. 경제적으로 넉넉하지 않아 보험 비용을 정기적으로 지출할 수 없거나, 보험 약관에 쓰인 단어를 이해하지 못하거나, 설계사에게 모르는 걸 질문하지 못하거나, 질병과 장애로 보험 가입 거부를 당하는 사람들이 있다. 우리 엄마, 아빠가 그렇다. 부모님은 보험 설계사로 일하는 친구, 친구의 친구, 친척을 통해 보험을 가입했다. 계약 당사자인 부모님은 보장범위가 어떻게 되는지도 몰랐고, 약관의 단어가 무슨 말인지도 이해하지 못했다. 설계사는 그저 월 5만 원, 10만 원 정도면 부담스럽지 않은지, 어느 정도까지 보험료를 부담할 수 있는지 확인했다. 부모님은 회사가 어딘지, '삼성' 같은 어디서 많이 들어본 회사인지 정도를 물었다. 간략한 대화로만 설계된 보험이었다. 궁금한 걸 더 물을 순 없었다. 지금은 수어통역 상담서비스를 제공하는 보험사가 있지만 영상전화기가 등장하기 전에는 꿈도 꿀 수 없는 일이었다. 보험 설계시 수어통역이 제공되지 않았고, 약관에 쓰인 단어를 이해할 수 없었다. 병원에 입원하거나 수술할 일이 생기면 통역을 통해 전화로 담당자를 연결해 간신히 내용을 파악했다. 이처럼 꼭 들어두어야 한다고 하니 구색 맞추기로 보험을 가지고 있는 사람들이 있다. 제대로 설계한 보험을 가지고 있지 않으면, 보험을 잘 모른다고 말하면 왜 부족함과 비웃음의 대상이 될까? 이 모든 것은 왜 '개인'의 몫이어야 하는 걸까?

몸, 왜 개인의 몫이어야 하죠

SNS에서 실비보험, 암보험, 수술비보험 등의 보험 관련 정보가 이슈였던 적이 있다. 2030 여성들을 주축으로 이제는 우리가 직접 미래를 설계하고 노후를 준비해야 한다고, 자립해야 한다는 분위기였다. 그래, 더 많은 여성들이 더 잘 살아내야지. 어, 그런데 나도 보험 있는데, 엄마가 들어준 거.

글에서는 CI 보험이 좋지 않은 보험이라고 했다. CI 보험은 '중대한 질병'일 경우만 보장하는데 '중대한 질병'에 걸릴 확률이 매우 낮다고 했다. CI 보험이 한때 유행해 너도나도 가입했는데 혹시 들어놓은 보험이 있다면 어떤 보험인지 약관을 확인해보라고 했다. 그게 내 보험이었다.

한 번도 보험을 가입해야 한다는 필요성을 느끼지 못했던 나는 보험의 '보' 자도 모른 채 글을 읽었다. 정보에 따르면 실비보험은 필수로 들고 경제적으로 여유가 생기는 대로 암보험, 수술비보험을 들어야 했다. 생명보험과 화재보험의 차이도 설명했다. 생명보험은 죽은 이후에 혜택이 돌아오므로 가족 등을 위해 드는 것, 화재보험은 사고 시 죽기 전의 나에게 혜택이 돌아오는 것. '그럼 당연히 화재보험이지' 하고 내 보험을 살펴보았는데 엄마가 들어놓은 보험은 생명보험이었다.

글에서 말하는 '좋은 보험'과 나의 보험은 완전히 달랐다. 오랜만에 연락한 사촌 언니가 보험설계사가 되었다며 보험 가입을 권유해 설계한 보험이었다. 내가 가진 보험이 어떤 보험인지 자세히 알고 싶었지만 담당자 이름이 바뀌어 있었고, 사촌 언니는 보험설계사 일을 그만둔 후였다. 해지할까 싶었지만 가입한 지 꽤 오랜 시간이 지나 있었고 꾸준히 납입한 상태였다. 보험 공부를 조금 하고 난 지금의 나는 '100퍼센트 좋은 보험'이라는 건 없다는 걸 알지만, 당시에는 잘 알지 못해 대기업 좋은 일만 시켰다는 생각에 씩씩댔다.

어느 보험이 좋은지 어떤 것을 보장 내용으로 해야 할지 인터넷 세계를 떠돌며 골머리를 앓을 때 네덜란드에서 의사로 일하는 친구 H가 말했다.

"왜 개인이 보험을 들어야 해요? 보험의 세부 내용도 선택해야 한다고요? 누가 어떤 병에 걸릴 줄 알고요? 가족 이력이요? 보라 씨가 그 병에 걸릴지 아닐지 어떻게 알아요. 그건 국가와 사회가 보장해줘야 하는 거예요. 그게 왜 개인의 몫이어야 하죠?"

H는 어렸을 때 주재원 아버지를 따라 네덜란드로 이주해 영어, 네덜란드어, 한국어를 사용하며 살았다. 의대를 졸업하고 석·박사 과정까지 마친 후 현지에서 심장외과 의사로 일하고 있는 H와 이야기를 하다 보면 종종 머리를 세게 맞은 것 같은 기분이 들었다. 네덜란드에서 오래 살아온 H의 시선에서, 한국을 바라보거나 한국에서 평생을 살아왔던 나를 바라보는 경험은 낯설고 생경했다. 내가 실비보험을 들며 도수치료와 MRI에 대한 특약을 들지 말지 고민할 때, 암보험을 들며 암에 걸렸을 때 진단비를 1,000만 원으로 할지, 2,000만 원으로 할지 더 높게 잡아야 할지 고민할 때 H는 물었다. 그게 왜 나의 몫이어야 하냐고. 모든 사람은 기본적인 보험을 가질 권리가 있으며 개인의 질병은 국가와 사회가 책임져야

'필요함'의 목록들

한다고 말했다. 미래를 설계하고 준비하는 똑똑한 여성이 되어야 한다고, 내 몸에 무슨 일이 일어나도 10년 전의 보라가, 20년 전의 보라가 들어놓은 보험으로 살아갈 수 있도록 준비해야 한다고 믿었는데 질문해야 할 건 따로 있었다.

네덜란드의 건강보험 제도는 2006년 1월 1일부터 사기업을 통한 건강보험 제도로 운영되고 있다. 개인의 건강 계획과 환자의 연대성, 효율성 및 가치 원칙에 기초해 사회적 조건을 조합한 제도다. 네덜란드 정부가 네덜란드 의료 시스템의 접근성과 품질을 책임지고, 건강보험 관리만 사기업에게 맡긴 구조다. 네덜란드의 각 보험사가 제공하는 기본 보험은 보장 내역과 보험료(한 달에 100유로 정도, 한화 약 13만 5,000원)가 비슷하게 형성되어 있다. 정부는 개인의 소득에 따라 보험보조금을 지급한다. 유학생 신분이라 소득이 없었던 나는 매달 내는 보험료의 75~80퍼센트에 해당하는 보조금을 지원받았다. 외국인 유학생에게도 차등 없이 지급되었다.

그럼 금융예술인이 되겠습니다

누군가는 말했다. 자본주의, 한국 사회에서 살아남으려면 개인이 직접 보험을 공부하고 자신에게 맞는 보험을 설계해

노후 준비를 해야 한다고. 내게도 해당하는 현실적 고민이었다. 그러나 보험을 잘못 들면 미래의 보라는 제대로 된 암 진단비를 챙겨 받지 못하고 수술비가 부족해 수술을 받지 못하게 되는 것이 당연한 걸까? 어떤 보험을 어떻게 가입해두어야 하는지에 대한 정보는 누구에게나 공평하게 주어지는가? 현재의 내가 미래를 위해 당장 보험료를 납부할 수 없다면 곤경에 처할 확률이 높아지는 건 어쩔 수 없는 일인가? 자본과 정보력과 같은 사회·경제적 조건이 개인의 건강을 결정할 수 있나?

질문에 질문이 꼬리를 물었다. 당장 언제 닥칠지 모르는 질병과 사고에 대한 걱정도 함께였다. 현실적인 자세도 갖추어야 했다. MRI와 도수치료 특약을 추가해 실비보험을 들고, 암 진단비가 포함된 수술비보험도 들었다. 보험을 들 때마다 설계사가 월 얼마 정도의 보험료를 생각하는지 물었다. 바로 대답할 수 없어 얼마가 좋겠냐고 물으니 설계사는 낼 수 있을 만큼, 계약을 해지하지 않고 종신이 될 때까지 납부할 수 있는 현실적인 금액이어야 한다고 조언했다. 설계사가 예산 안에서 몇 개의 안을 추려 메일로 보내주었고 그중 소득 기준에 맞는 가장 현실적인 보험을 가입했다.

2020년 5월, 동료이자 친구인 이랑이 이제부터 '금융예술인'이 되겠다고 선언했다. SNS 프로필에 '금융'과 '예술'이라는 도저히 어울릴 것 같지 않은 두 단어를 조합해 더했다. 코로나19의 세계적 대유행 이후 국경이 닫히고 문화 행사·예술 공연과 같은 행사가 연기되고 취소되자, 노래를 부르고 연주하고 사회를 보고 손님으로 이야기보따리를 풀며 책과 음반 같은 창작물을 팔기 어려워졌다. 랑은 공연을 하지 못하게 된 한 달 동안의 수입이 총 30만 원인 것을 보고 사업소득이 아닌 다른 소득을 어떻게 올릴 수 있을지 고민했다. 기초 금융서적을 사서 읽고 금융 관련 강의를 들으며 잘 모르는 것을 더 잘 알고 싶다고 생각했다. 본격 보험설계사가 되기 위한 공부를 시작했고, 보험설계사 자격증을 취득했다. 어떤 이는 보험 일이 일일체험 하고 후기를 쓰는 그런 일이 아니라며 쓴소리를 했지만 랑은 그 누구보다 진심이었다. 잘 모르는 보험, 나부터 잘 알아보자는 마음으로 가진 보험이 어떤 보험인지 살펴보고 추가로 보험이 필요하다면 설계해 가입하는 일을 돕기 시작했다. 예술 같으면서도 일 같고, 일 같으면서도 예술 같은 일이었다. 컨설팅을 신청했다.

어색했다. 오랜 친구 앞에서도 '보험에 대해 잘 모른다'라는 말은 하기 어려웠다. 랑은 기존에 가지고 있는 보험과 최근에 해약했다는 CI 보험을 살펴보았다. 새로 든 보험은 중복되는 조항이 많고 꼭 필요한 암 진단비와 같은 비용이 낮게 책정되어 있다며 CI 보험이 꼭 나쁜 보험은 아니라고 강조했다. 사람마다 필요한 보험은 다르고, 들어두었던 보험을 해약하면 보험에 따라 일정 정도의 금액을 돌려받을 수도 있지만, 대부분의 금액은 보험사가 갖게 되니 그들만 좋은 일이라고, 그러니 신뢰할 수 있는 설계사와 보험 항목별로 가입 금액을 조정하거나 해지하고 필요한 금액을 새로 가입하는 것이 좋다고 했다. 랑과 함께 기존 보험의 약관을 처음부터 끝까지 살펴보았다. 부족한 것이 있다면 왜 부족한지, 나는 어떤 미래를 그리고 있는지 이야기했다.

보험을 설계하는 것이었지만 현재의 몸을 돌아보고 앞으로의 몸을 상상하는 일이었다. 랑은 사람에 따라 보험이 아니라 저축을 하는 것으로 노후 대비를 하는 이도 있지만 한 달에 한 번 일정한 금액을 납부함으로써 미래에 대한 투자를 하는 것이 보험이라며 언제 은퇴할 것인지, 은퇴 전까지는 얼마 정도의 금액을 벌 것인지, 노후 대비는 어떻게 할 것인지, 병에 걸려 치병을 해야 한다면 어떻게 할 것인지를 상상해보라고 했다. 흥미로운 건 보험금 상속이었다. 만약 병이나 사고로 죽었을 때 나오는 보험금을 누가 얼마만큼 받을 것인지 선택하고 지정할 수 있었다.

"얼마 전에 치병하다 죽은 내 친구는 성소수자였어. 동성 파트너가 있었는데 한국에서는 법적으로 동성 간의 결혼이 허용되지 않으니까 법적인 파트너는 아니었지. 친구가 죽은

'필요함'의 목록들

후 장례식에서 상주는 누가 할지 등의 문제가 생긴 거야. 보험금 상속은 가족이 아닌 타인에게도 지정할 수 있지만 타인은 법적으로 사망 진단서를 뗄 수 없어. 보험사의 법과 행정법이 부딪히는 거지."

나의 법적인 가족을 떠올렸다. 엄마와 아빠, 동생, 얼마 전 혼인신고를 한 일본 국적의 파트너. 누구에게 보험금을 주고 싶냐는 말에 동생과 파트너가 떠올랐다. 법적으로라면 결혼을 한 파트너에게 우선순위가 주어지겠지만 파트너만큼 사랑하는 동생에게도 나누고 싶었다. 고심 끝에 반반씩 나누어 상속하기로 했다. 진짜 돈을 준 건 아니었지만 어쩐지 뿌듯했으며 인생의 과거와 현재, 미래를 현실적으로 바라보게 되었다.

부끄러운 표정으로 "보험에 대해 잘 모르지만…" 하고 꺼낸 말은 예술인으로 살고 있는 나와 랑, 동료들의 이야기로 확장되었다. 예술인은 언제까지 금융에 대해 잘 몰라야 하는 것이냐며 반기를 드는 일은 기존의 시스템에 질문을 던지는 일이었다. 랑에게는 물을 수 있었다. 잘 모른다고 무시하지도 않고 수치심을 주지도 않는 동료를 통해 세상을 조금 더 이해할 수 있게 되었다. 어쩌면 랑이 하는 일은 단순한 보험 설계가 아니라 의사소통을 하는 일인지도 모른다. 낯선 질문을 던지는 '금융예술인' 이랑을 통해 나는 새로운 보험을 갖게 되었고, 어떤 일이 일어나도 질문할 수 있는 보험설계사를 갖게 되었으며, 가진 보험이 무엇인지 파악할 수 있게 되었다. 앞으로 어떤 것을 준비해두어야 하는지도 알게 되었다. 그런데 이런 친구와 동료, 지인이 없는 이들은 어떨까? 정보에 접근하지 못하는 사각지대에 있는 사람들은? 질병과 장애 이력으로 보험 가입을 거부당하는 사람들은? 그리하여 H가 한 질문은 여전히 유효하다. 왜 보험을 개인이 직접 설계해야 할까? 내 몸은 나 스스로가, 가족이 짊어져야만 하는 걸까? 그건 국가와 사회의 몫이어야 하지 않을까?

—✦—
혹시 주식 하세요

"혹시 주식 하세요?" 묻는 사람이 부쩍 늘었다. 처음에는 아무렇지 않게 "아니요, 안 하는데요" 하고 답했지만 빈도수가 늘어나자 '주식 안 하는 나, 바보인가? 나만 뒤처지고 있나?' 하는 생각이 들었다.

2020년과 2021년 최대의 키워드는 주식과 투자가 아닐까? 2030세대의 자산 관리, 재테크, 부동산 열풍이 화제가 된지 얼마 되지 않아 10대들도 주식 투자를 통해 자산을 축적하고 경제 공부를 한다는 소식이 들렸다. 몇몇 지인이 자산 관리에 대한 유튜브 채널을 추천했다. 자산을 불리려면 최소 1억의 씨앗 자금이 필요한데 그 1억을 어떻게 모을 것인지에 대한 내용이었다. 1억을 만들면 비용을 쪼개 부동산, 주식 투자, 은행 예·적금과 같은 곳에 투자해야 하고, 아파트를 살 돈이 없어도 대출 등의 방법으로 아파트를 구입해 투자를 하라고, 청약을 통해 내 명의의 아파트를 구입하는 방법도 있다고 추천했다. 아니, 돈이 없는데 아파트를 어떻게 사? 전세자금대출은 또 뭐야? 금리는 뭐고? 머리가 아팠다. 금융소득과는 연이 없다며 고개를 젓고 포기를 할라치면 재테크, 부동산, 주식으로 돈을 번 사람들의 후기가 보였다. 월급을 아무리 아껴도 집을 살 수 없고 자기 돈으로 아파트를 사는 사람은 부자 말고는 없다는 거였다. 시세가 궁금해졌다. 동네의 한 아파트를 검색했다. 네이버 지도에서 현 위치를 검색하니 네이버 부동산의 정보가 자동으로 연계되어 최근 몇 년간 매매와 전셋값이 어떻게 오르고 내렸는지 그래프로 표시되었다. 부동산 앱을 설치할 필요도 없었다. 실제 나와 있는 매물과 조건이 상세히 기술되어 있었다. "북한산국립공원 초입에 위치한, 서울 중심지도 아닌 이곳의 오래된 아파트도 계속해서 값이 오르는구나. 그래도 언젠가는 살 수 있지 않을까?" 혼잣말을 하니 동생이 말했다. "누나가 돈을 다 모았을 때면 값은 두 배, 세 배로 올라 있을 거야. 우리 같은 개미들은 절대 못 사."

주식을 공부하다가 떠오른 물음표

　어피티에서 제공하는《머니레터》를 구독했다. 2019년부터 사회초년생 직장인을 타깃으로 경제미디어를 창업해 운영하고 있는 어피티는 뉴스레터, 영상 콘텐츠로 서비스를 제공한다. 핵심 타깃은 연봉 3,000만~4,000만 원 정도의 25세부터 34세까지의 여성 직장인이다. 그러다 보니 주변의 많은 이들이《머니레터》를 구독한다. 매주 월요일부터 금요일까지 출근 시간, 아침 8시에 꼭 알아야 할 금융정보를 메일로 보내준다. 8시에 출근하는 직장인은 아니지만 꼼꼼히 읽었다. 그러나 출퇴근과 같은 이동 시간이 있는 직장인이 아니어서인지,《머니레터》에 쓰인 용어가 어렵고 복잡해서인지, 금융에 관심이 없어서인지 읽지 않고 쌓여가는《머니레터》로 메일함이 꽉 찼다. '읽지 않음' 표시로 늘어가는 숫자를 볼 때마다 압박감이 더해졌다. 나 빼고 모든 사람들이 저 정보를 알고 있을 텐데, 돈을 관리하고 부동산과 주식을 살 텐데. 나만 이렇게 뒤처지는 건 아닐까? 걱정과 불안이 솟았다.

　SNS에서도 재테크로 자산을 불려 잘살아보자는 이야기로 가득했다. 어떤 이는 주식이 올랐다며 인증샷을 올렸고 어떤 이는 '영끌'하여 월세를 탈출하고 전세를 탈출했다고 했다. 그런 글은 수없이 공유되었다. 고소득층은 아니지만 열심히 정보를 습득하고 공부하고 연습해 자산을 불렸음을 자랑하고 칭찬하고 독려하고 응원하는 분위기였다. 그래, 더 많은 여성들이, 더 많은 2030세대의 여성들이 똑똑하게 자산을 불려 더 잘살아내야지. 물려받은 게 없다고 언제까지 가난하고 불쌍하고 우울하게 살 순 없지. 전세자금대출로 주택을 매입해 자산을 크게 불리는 '갭투자', 나도 해야지. 그런데 잠깐, 우리 이렇게 가도 되는 것 정말 맞나?

이것은 과연 공평한 게임인가

의문이 들었다. 어느 정도 굴릴 돈이 있는 이들이 너도나도 '갭투자'에 나서면 결국 주택 매매가격과 전세 가격이 높아지게 된다. 그럼 실거주 목적으로 주택을 매입하거나 전세를 찾는 사람들은 어쩌지? 자산을 가지고 있는 이들은 씨앗자금으로 자산을 불리는데 그 '씨앗'이 없는 이들, 당장 이번 달 내야 하는 월세 걱정을 하고 내년에 전세 보증금을 올려달라고 하면 어쩌나 고민하는 세입자는 어떻게 되는 걸까?

《경향신문》에 따르면 "역대 두 번째로 아파트 거래량이 많았던 2020년 6월 한 달 동안 전국의 아파트가격 상승률이 사상 최고 수준[12]"이었으며 "아파트 전세가격 역시 올 들어 6월

이 가장 높았던 것으로 나타났다"라고 한다. "30대가 이른바 '영끌'을 통해 대거 주택 매입에 나서는 동안 집값이 계속 오르면서 결국 다주택자들이 큰 이익을 얻었다"라는 것이다. 이 기사에 따르면 "아파트 매매가격이나 전세가격이 오를수록 부담이 커지는 건 상대적으로 무주택 실수요자 층이 많은 30~40대"라고 한다. 누군가는 더 큰 기회를 잡겠지만 자본 혹은 정보가 부족한 이들은 그만큼 기회를 빼앗긴다. 자본주의 사회에서 살아남기 위한 방법으로 개인의 자산을 축적하고 늘리는 방식이 빈부격차를 강화한 셈이다.

누군가는 말한다. 부의 재분배가 이상적이지만 현실적으로 자본주의 사회에서 살아남아야 하지 않냐고. 그러나 이 방식은 각자도생이다. 개발·발전 중심적 사고다. 부동산 투자의 가치가 상승하려면 계속해서 우리는 건물을 짓고 땅값과 주택 값이 오르게 해야 한다. 주식 역시 마찬가지다. A라는 대기업의 주식 전망이 좋기 때문에 A주식에 투자한다는 것은 결국 대기업에 돈을 주고 그들이 하는 일을 지지하고 응원하는 일이다. 투자란 결국 그런 것이 아닌가?

"주식 하세요?" 하고 묻는 이들은 온·오프라인 모임을 넘나들며 주식에 대한 정보를 나눈다. 요새 A주식이 괜찮다더라, B주식이 크게 오를 것이라더라. 잘 모르겠다고 하면 일단 사놓으면 정보를 주겠다고 하기도 하고 주식 정보를 공유하는 커뮤니티에 초대해주겠다고도 한다. 부동산도 마찬가지다. 계속해서 경향을 읽어내고 미래에 대한 판단을 하며 자산을 증식한다. 그런데 이 정보를 가질 수 없는 사회·경제적 위치에 처한 이들도 있다. 그들에게는 처음부터 불평등하고 불공정한 게임이다.

아파트 청약 조건도 그렇다. 청약을 통해 아파트를 당첨받기 위해서는 청약 통장이 필요하다. 청약 통장의 가입 및 납입 기간이 길면 길수록 가산점을 받는다. 아이를 낳자마자 자식 이름으로 청약 통장을 개설하는 것이 가장 유리하다고 한다. 부모가 이와 같은 정보를 갖고 있느냐 갖고 있지 않느냐에 따라 개인은 완전히 다른 출발점에 선다. 또한 청약 가산점은 '정상가족'을 기준으로 설계되어 있다. 이성 파트너와 결혼하고 아이를 둘, 셋 낳으면 가산점이 붙어 청약에 당첨될 가능성이 높아진다. 비혼 1인 가구는 청약에 당첨되어 아파트를 분양받을 가능성이 희박하다. 이런 게임이 모두에게 공평하다고 말할 수 있을까?

만약 국민 모두에게 1인 1주택이 주어지고 부의 재분배가 이루어진다면 어떨까? 그럼 모두가 부동산과 주식 투자 등의 재테크를 통한 자산 증식을 고민할까? 누군가는 아파트를 사서 몇 억을 벌었는데 누군가는 하루 종일 일해 10만 원을 겨우 버는 사회, 그런 사회에서 노동의 가치는 제대로 평가

'필요함'의 목록들

받을 수 있을까? 이런 사회에서 '세대주'가 되는 것이 꿈이라고 말하는 아이들이 생겨나는 건 너무나도 당연한 일 아닐까?

기후위기 시대의 자산증식

주식 하냐며 안부를 물었던 친구가 말했다. S기업 주식을 사는 것으로 재테크를 시작했는데 얼마 전 기후위기 행사에 갔다가 창피해졌다고 말이다.

"무분별한 개발로 환경오염이 심각해져 기후위기가 오고 있는데 나는 대기업인 S기업의 주식을 갖고 있고 주가가 올라 자산이 증식되었으면 해. 내 주식의 주가가 오르려면 어떤 것이 개발되거나 발전되어야 하는데 기후위기를 멈추거나 늦추려면 이런 발전만을 중시하는 무분별한 물질만능주의를 경계해야 하잖아. 안 그래?"

우리는 기후위기로 전 인류가 멸망할지도 모른다는 말을 듣는다. 코로나19로 모두가 비행기를 타지 않아도, 해외여행 및 출장을 가지 않아도 살아낼 수 있다는 걸 깨달았다. 인적 수송을 멈추니 거짓말처럼 대기의 질이 향상되었고, 그 누가 미세먼지를 논했냐는 듯 청명하고 맑은 날이 지속되었다. 팬데믹으로 배웠다. 모두가 다 함께 멈출 수 있다는 걸. 그렇다면 개발과 발전을 기반으로 한 자산 증식이 목적인 부동산과 주식 투자에도 질문을 던져볼 때가 아닐까?

2020년 9월부터 10월까지 《경향신문》 창간기획 〈2030 자낳세[13] 보고서〉로 돈과 관련한 청년들의 마음을 들여다보는 기획 기사를 썼던 최미랑 기자는 청년세대의 계층에 따라 투자에 대한 인식이 확연하게 다름은 물론이고 투자를 위해 대출이 필수적이라고 생각하는지, 부모님이 금융 및 부동산 투자 관련 활동을 장려하는지, 성인이 되기 전에 저축·투자 등 돈 관련 교육을 충분하게 받았다고 생각하는지가 계층에 따라 확연하게 나뉘고 있다[14]고 말한다. 투자 혹은 돈에 대한 경험과 인식이 계층별로 대물림되고 있고 앞으로 자산 격차가 벌어지게 되면 청년세대 내부에서의 불평등은 지금과는 차원이 다르게 심각해질 것[15]이라고 말이다.

청년세대의 부동산과 주식투자 열풍은 개인의 현실적인 판단이며 행동이지만 건강하지 않은 각자도생과 개인주의의 단면은 아닐까? 누군가는 묻는다. 시스템을 바꾸자는 건 혁명을 하자는 말처럼 들리는데 자본주의 사회에서 살아가는 개인으로서 무엇을 할 수 있느냐고. 개인으로서 시스템에 저항하기는 쉽지 않다. 그러나 질문을 던지지 않는 것보다 질문을 던지는 일, 보다 나은 질문을 고민하고 정확한 질문이 필요하다. 어떤 것이 더 나은 삶의 가치인지, 우위에 서는 어떤 절대적 가치라는 것이 존재할 수 있는지 물어야 한다. 누군가는 돈이 인생의 최고 가치라고 하지만 어떤 이는 경험 혹은 사람, 가족이라고 말한다. 인생의 최고 가치를 하나로 규정할 수 없듯 일과 노동의 가치 역시 마찬가지다. 우리는 돈을 벌기 위해 일하지만 때때로 돈이 아닌 다른 가치를 위한 일을 선택하기도 한다. 더 큰 경험치를 얻을 수 있다거나 더 넓은 네트워크를 취할 수 있다거나 하는 일들 말이다. 지금 한국 사회의 청년들은 자신의 일터에서 그런 다른 가치를 취하지 못하고 있는 건 아닐까? 금융투자를 통해 자산을 불리며 경제적 자유를 취함으로써 그를 통해 가치를 찾으려고 하는 건 아닐까?

청년세대의 이런 현실적 상황과 한국 사회의 획일화된 가치관, 집단주의가 만나 주식과 부동산에 관심이 없는 이들을 바보로 만들고 있는 건 아닌지 묻는다. 최미랑 기자는 현 청년세대의 투자 열풍에 대해 말하며 2020년의 청년들에게 '일'이란 무엇이며 또 무엇이어야 하는지 질문했다. 개인으로서 시스템을 바꾸기 어렵다는 말로 질문하기를 멈추어서는 안 된다. 더 나은 질문을 할 수 있는 조건과 자리를 만들어야 한다. 정부 주도의 강력한 규제를 통해 부를 재분배하고 인간이 인간답게 살 수 있도록 하는 기본권을 확보하려면 어떻게 해야 할지 고민해야 한다. 현 체제에서 불가능하다면 그 시스템에 균열을 내거나 바꿔보자고 제안해야 한다. 왜, 우리는 지금 주식을 해야만 하는가? 무엇이 우리를 주식 하게 만드나? 주식을 하지 않고도 살 수 있는 방법은 어떤 것이 있을까?

우리 모두 '주치의'를
가질 순 없을까

엄마의 얼굴에 두드러기가 올라왔다. 영상통화로도 이상한 게 훤히 보였다. 병원에 가라고 하니 코로나19 확산으로 가기가 어렵다며 한참 후에야 병원에 다녀왔다. 약을 받아 왔는데 여전히 궁금증이 풀리지 않은 표정이었다. 엄마는 손가락을 다 편 오른손 중지를 코에 대고 좌우로 돌렸다. '잘 모르겠다'라는 수어였다. 코로나19 감염 위험으로 수어통역사와 대동하기 어려워 혼자 병원에 다녀왔다고 했다. 영상통화를 이용한 수어중계통역으로 진료를 받았는데, 증상을 이야기하고 진단을 받고 약을 처방받았는데 통역사가 옆에 있지 않아 정확한 내용을 파악하기는 어려웠다고 했다. 얼마 전에 복숭아를 먹어서 그런 건지, 다른 음식에도 알러지 반응이 있는지 궁금했지만 중계통역을 마치고 난 후라 다시 전화를 걸어 통역을 요청하기도 애매했다고 엄마는 재차 코에 중지를 대고 움직였다. 처방에 따라 약을 먹긴 먹지만 왜 이렇게 심하게 두드러기가 올라왔는지 모르겠다며 "뭐, 어쩔 수 없지"라고 말했다.

좋은 의사란 무엇인가

문제1. 당신의 생사를 판가름 지을 중요한 진단을 받아야 할 때, 의사를 고를 수 있다면 둘 중 누구를 선택하겠습니까?

A. 매년 전교 1등을 놓치지 않기 위해 학창 시절 공부에 매진한 의사
B. 성적은 한참 모자라지만 그래도 의사가 되고 싶어 추천제로 입학한 공공의대 의사

2020년 7월 23일 정부와 여당이 의과대학 정원 확대 및 공공의대 설립 등 4대 의료 정책 추진을 진행하자 의료계가 강하게 반발하며 집단 파업 및 휴진을 했다. 대한의사협회(의협) 산하 의료정책연구소는 정부 정책을 비판하는 동시에 의

사들의 파업 정당성을 강조하고자 홍보물을 만들었다. SNS 에서 화제가 된 이 글을 보자마자 왜 객관식 유형인지 의문 이 들었다. 좋은 의사란 무엇인가? 전교 1등 의사인가, 성적 이 모자란 의사인가? 성적이 좋은 의사를 결정하는가? 의사 란 과연 무엇인가?

언제든지 나의 몸에 대해 이야기할 수 있는 의사

네덜란드에서 유학할 때의 일이다. 체류허가증을 받자마 자 필수적으로 해야 하는 일 중 하나가 GP$^{General\ Practitioner}$, 즉 주 치의를 등록하는 것이었다. 집 주변에 어떤 주치의가 있는지 확인하고 환자들의 후기를 볼 수 있는 사이트의 추천을 받아 병원에 방문했다. 진료를 받기 위해서는 사전 약속을 잡아야 한다. 급할 경우를 대비해 오전 8시부터 9시까지는 예약 없 이 진료를 받을 수 있다.

나의 주치의는 젊은 남성 의사였다. 네덜란드어가 아닌 영 어로 진료를 볼 수 있는지 물으니 그는 내게 어디서 왔는지 무슨 일을 하고 있는지 물었다. 다니고 있는 학교와 전공 이 야기를 한 후 몸에 대한 이야기를 했다. 궁금한 것을 하나부 터 열까지 다 물어보았다. "이런 증상이 있는데 왜 그런 걸까

요? 혹시 이런 원리인가요? 심각하지는 않은 거죠?" 다른 날
에는 피임약을 처방받으러 갔다. 한국에서부터 복용하고 있
던 경구피임약을 들고 갔다. 그는 비슷한 성분의 네덜란드
피임약을 추천했다. 어떤 성분이 함유되었는지에 따라 이런
차이가 있다고 설명했다. 혹시 다른 피임 방법이 있는지 물
었다. 여태껏 해왔던 피임 방법처럼 경구피임약을 복용하는
것부터 피임기구를 삽입하는 여러 가지 시술이 있다며 세세
하게 설명했다. 묻고 듣는 과정이 어렵지도 부끄럽지도 않았
다. 내가 가진 기본 보험으로 경구피임약은 물론 피임 시술
에 드는 비용을 보전받을 수 있었다. 진료비를 내려고 창구
에 서니 간호사가 다음에 또 보자며 인사했다. 병원과 약국
에서 보험사에게 진료비와 조제비를 일괄 청구하니 개인이
비용을 지불하지 않아도 된다고 했다.

파트너는 네덜란드의 의료 시스템을 신뢰할 수 없다며 불
만을 터뜨렸다. 약 처방을 쉽게 해주지도 않으며 대학 병원
같은 상급 병원에 바로 갈 수 없는 것이 답답하다는 이유였
다. 네덜란드 의료 체계는 가족의 건강 기록을 담당하는 주
치의가 1차 진료를 보고 필요하다면 소견서를 통해 상급 의
료기관에서 진찰받도록 한다. 유학생을 포함한 모든 사람들
에게는 주치의가 있다. 나는 말했다.

"물론 한국과 일본에서처럼 약을 바로바로, 많이 처방해

'필요함'의 목록들

주지는 않지만 잠 많이 자고 따뜻한 차 자주 마시고 아프면 진통제 먹고 푹 쉬라는 말이 진짜 처방 아닐까? 감기나 몸살은 면역력이 떨어졌을 때 생기는 병이잖아. 약을 많이 먹고 쉬지 않고 일하면 당연히 아프겠지."

주치의를 중심으로 의료체계가 꾸려지는 것이 훨씬 더 안심이 된다고 덧붙였다. 언제든지 몸에 대해 물을 수 있는 주치의를 두는 것 말이다.

"한국에서는 진료 시간이 짧아 제대로 소통한다는 기분이 들지 않았는데 여기서는 의사와 눈을 마주치고 대화하고 있다는 생각이 들어. 궁금한 것도 다 물어볼 수 있고. 무엇보다 서로 안부를 물을 수 있는 주치의가 생긴 것, 같은 마을에 살고 있는 의사가 있다는 게 좋아."

시간을 충분히 들여 몸과 마음을 들여다볼 수 있는 의사, 의료적 지식을 환자 수준에 맞춰 전달할 수 있는 의사. 그것이 의사의 첫 번째 덕목이자 자질이어야 하지 않을까?

보라 씨도 좋은 의사가 될 수 있어요

네덜란드에서 의대를 졸업하고 로테르담에서 의사로 일하는 친구 H가 박사 과정을 밟을 때의 일이다. 의사가 되고 의사를 하는 일은 '넘사벽'처럼 느껴졌다. 중·고등학교를 다니는 내내 상위권 성적을 유지하긴 했지만 의대 진학을 희망하고 의대를 가는 친구들의 성적은 완전히 다른 레벨이었다. 대학 사회에서도 의대를 다니는 건 타 대학 재학과 다른 의미를 지닌다. 그런데 H는 타국, 그것도 네덜란드어를 쓰는 네덜란드 의대에 진학해 석·박사를 졸업하고 현장에서 의사로 일한다. 대단하다고 추켜세우면 H는 이렇게 말했다.

"여기서 조금만 공부하면 의대 갈 수 있어요. 다들 제가 의대 갔다고 대단하다고 공부 정말 잘했을 거라고 하는데 그렇지 않아요. 만약 한국에서 자랐으면 의대 못 갔을걸요? 저는 똑똑하고 전교 1등 하고 그래야 의사가 될 수 있다고 생각하지 않아요. 의사에게 제일 중요한 건 성적도, 전교 1등도 아닌, 의사소통 능력이에요. 환자가 어디가 아픈지, 왜 아픈지를 대화를 통해, 환자의 행동을 통해, 몸의 증상을 기반으로 찾아내는 거죠. 저는 보라 씨가 좋은 의사가 될 수 있을 거라 생각해요. 의사소통에 능한 사람이잖아요."

아니, 제가 어떻게 감히. 손을 내저었다. '보라 씨도 좋은 의사가 될 수 있어요. 의사소통에 능하잖아요'라니! 어떻게 그렇게 말할 수 있지? H는 최근에 보았던 진료 이야기를 들려주었다.

"로테르담 외곽 지역에 있는 곳에서 주치의 일을 하고 있어요. 이쪽 동네에는 이민자들이 주로 살아요. 백인이 아니라 유색인종이 대부분이죠. 비싸지 않은 동네, 외곽 지역이다 보니 네덜란드어, 영어로 소통이 잘 되지 않는 경우가 많아요. 그럴 때면 정말 진료 보기가 어려워요. 어디가 어떻게 아픈지, 왜 아픈지 검진을 통해 환자 이력을 확인해야 하는데 그 자체가 불가능하니까요. 그럼 온갖 방법을 동원해야 해요. 바디랭귀지를 쓰기도 하고 종이를 꺼내 필담을 하기도 하죠. 구글 번역기도 그중 하나예요. 예상 가능한 모든 것을 번역기를 통해 물어보고, 환자는 그중 하나에 고개를 끄덕이기도 하고 아니라고 하기도 해요. 그걸 통해 유추하죠. 이 사람이 왜 이런 증상을 보이는지 원인이 무엇인지. 제가 알고 있는 의료적 지식과 의사소통을 통해 얻은 정보를 합친 후에 모든 경우의 수에서 조금씩 줄여나가요. 그래서 의사소통 능력이 중요하다는 거예요."

H는 어렸을 때부터 수어와 음성언어 사이를 오갔던 나의 경험이 의사로서의 중요한 자질이라며 추켜세웠다. 나도 좋은 의사가 될 수 있다니. 내가 의사를? '의사는 이래야 한다. 이래야 할 것이다. 이런 사람이 의사가 된다'라는 고정관념이 깨지는 순간이었다. '좋은 의사'란 무엇일까? 왜 나는 평생 전교 1등만 의사를 할 수 있다고, 공부를 잘하는 이는 의사가 되고, 의사는 사회 상류층이 되는 것이라고 당연하게 생각

했던 걸까? 의사가 가진 권위에 나는 왜 질문 하나 제대로 할 수 없었던 걸까?

H는 홈리스 등의 사회취약계층을 돌보는 의료 자원봉사를 할 때도 의사소통 능력이 가장 중요하다고 했다. H를 만날 때면 종종 나의 몸에 대해 질문했다. 필요할 때 언제든지 묻고 대답을 들을 수 있는 의사를 곁에 둔다는 것, 말 그대로 안심이 되는 일이었다. '주치의'를 가진다는 것이, 나와 우리 가족의 몸의 이력을 알고 있는 의사를 둔다는 것이 돈 많은 부잣집 혹은 유서 깊은 가문에서만 가능한 것이 아니라는 걸 알게 되었다.

질문이 생겼다. 몸과 마음에 대한 이야기를 언제든지 나눌 수 있는 의사, 궁금한 것을 전부 물어볼 수 있는 의사. 왜 가질 수 없을까? 어떻게 가질 수 있을까?

'필요함'의 목록들

4부

그런 순간과 시도를 마주할 때마다 희망이 생긴다. 서로의 다름을
존중하고 각자가 가진 고유성을 인정하기에 '장애'라는 단어를 굳이
가져다 쓰지 않아도 될 때. 그런 분류가 더 이상 필요하지 않은 사회,
'소수'가 '다수'에게 매번 자신의 소수성을 설명하지 않아도 되는
사회가 어쩌면 가능할지도 모른다고 믿게 된다.

분명히
가능한
사회

장애를 설명하지
않아도 되는 사회

네덜란드필름아카데미의 멘토가 당일치기 하이킹을 제안했다. 네덜란드의 수도 암스테르담에서 기차로 30분 정도 떨어진 곳에 위치한 위트레흐트 근교를 걷는 코스였다. 17세기 초에 만들어진 뉴홀랜드 해자를 따라 걸었다. 해자는 땅을 파 물이 들어오게 하는 방식으로, 전쟁에 대비해 네덜란드를 말 그대로 '섬'으로 만들어 방어했다. 85킬로미터에 이르는 해자는 당시에는 유용하게 쓰였으나 비행기의 발명 이후 더 이상 필요하지 않게 되었다. 해자 안의 성곽은 제2차 세계대전 이후 철도를 짓기 위한 자재를 보관하는 창고로 사용했다. 물을 따라 걷는 풍경은 네덜란드다웠다. 산 하나 보이지 않는 지평선이 끊임없이 펼쳐졌고 소와 말, 양이

한가롭게 풀을 뜯었다. 전형적 시골 풍경이었다. 덥지도 춥지도 않은, 걷기 딱 좋은 날이었다. 함께 대학원을 다니는 동기들과 시골 길을 걸으며 강의실에서는 하지 못했던 이야기를 나눴다. 걷다 보니 성곽 아래 아담한 카페가 보였다. 우리처럼 하이킹을 나온 사람들이 야외 테라스에서 햇빛을 즐겼다. 종업원이 네덜란드어로 인사를 건넸다.

"여기 메뉴판 있고요. 마실 거 먼저 드릴까요? 메뉴 설명을 해드릴게요."

나는 영어로 대답했다.

"저 네덜란드어를 못 하는데 혹시 영어로 주문 가능할까요?"

그는 언어를 바꾸어 영어로 설명했다. 더듬거리긴 했지만 잘 알아들을 수 있는 명확한 표현이었다. 고개를 돌려 테라스와 카페 내부를 둘러보았다. 그를 포함한 모든 종업원이 지적 장애를 가지고 있었고, 나처럼 화들짝 놀라는 사람은 없었다. 그는 토씨 하나 틀리지 않고 주문을 받았다. 염소 치즈 샌드위치와 오렌지 주스는 매우 훌륭했다.

식사를 마치고 커피를 마실 차례였다. 주문을 받았던 종업원이 다른 손님의 주문을 받고 있었다. 멘토가 "저기요" 하고 종업원을 불렀다. 그는 소리쳤다.

"아, 조금만 기다리세요. 한 번에 다 못 외우니까 여기 주

분명히 가능한 사회

문 받고 그쪽 테이블로 갈게요."

그러자 야외 테라스에 있던 사람들이 우리를 쳐다봤다. 서로의 눈을 보며 웃었고, 멘토의 얼굴은 붉어졌다. 그는 재촉하려던 게 아니라고, 얼마든지 기다릴 수 있다며 천천히 하라고 말했다.

카페는 장애인의 삶의 질 향상을 목적으로 하는 단체가 운영하고 있었다. 정신적·심리적 장애가 있는 사람뿐 아니라 난민도 일할 수 있다. 일상에서 이런 카페를 마주할 수 있다니. 낯선 풍경에 놀랐다.

잠시 후 그는 주문을 처리하고 우리 테이블로 왔다.

"커피 세 잔이랑 민트 티 한 잔 주세요. 아깐 미안했어요."

멘토는 눈웃음을 지으며 말했다. 천천히 자신의 속도로 주문을 받는 그와 그 속도를 충분히 이해하며 기다리는 사람들. 그것이 특별하거나 놀라운 일이 되지 않고 우연히 들른 카페에서도 볼 수 있는 일이 되는 사회. 네덜란드는 그런 곳이었다.

하이킹을 마치고 암스테르담으로 돌아왔다. 유독 손으로 타는 자전거가 많이 보였다. 다리로 페달을 밟기 어려운 사람들이 타는, 손으로 페달을 돌리는 자전거였다. 전동 휠체어가 뒤를 따랐다. 두세 명의 아이들을 태우고 달릴 수 있는 카고 바이크(짐자전거)가 나란히 달렸다. 그 사이로 느긋하게 오래된 자전거의 페달을 밟았다.

수어가 중심이 된다면

한 해를 마무리하며 나에게 주는 선물로 영화를 보러 갔다. 네덜란드에서는 2017년에, 한국에서는 2018년에 개봉한 토드 헤인즈 감독의 〈원더스트럭Wonderstruck〉(2017)이라는 영화였다. 영화는 서로 다른 시대에 살고 있는, 새로운 삶을 꿈꾸는 소녀 로즈와 소년 벤의 여정을 그린다. 1920년대를 배경으로 무성 영화이자 흑백 영화로 그려지는 로즈의 이야기와, 1970년대를 배경으로 유성 영화와 컬러 영화로 보여지는 벤의 이야기가 다르게 펼쳐지다 만난다. 두 명의 주인공은 삶의 변화를 희망하며 새로운 길을 걷는데 이를 관통하는 코드는 농인과 사일런스silence(고요, 침묵), 그리고 수어다.

로즈와 벤은 농인이다. 로즈의 이야기는 무성 영화 형식이라 관객은 로즈의 이야기를 보는 내내 어떠한 소리도 들을 수 없다. 벤의 이야기는 유성 영화지만 벤이 벼락을 맞아 청력을 잃기 때문에 벤의 시점에서 그려지는 경험은 소리가 제외된 채 보여진다. 관객은 소리가 들리지 않는다면 세상의 소리는 어떻게 들릴지 벤을 통해 간접적으로 체험하고 경험한다. 둘은 서로 다른 언어로 소통하는 법을 배운다. 둘을 매개하는 언어는 미국수어인 ASL이다. 로즈와 벤, 벤의 친구가 하늘을 바라보며 꿈을 꾸는 장면에서 영화는 막을 내린다. 영화를 만든 이들이 누군지 궁금해 엔딩 크레디트가 올라가기를 기다렸다. 화면 가득 손이 잡혔다. 문자언어 대신 손가락이 보였다. 미세한 손의 근육이 스크린을 유영했다. 수어로 제작된 엔딩 크레디트였다. 토드 헤인즈 감독과 주연 배우인 줄리앤 무어의 이름이 한 글자, 한 글자씩 표기되었다. 수어에서, 알파벳이나 숫자 하나하나를 손가락으로 표시하는 방법인 지문자였다. 제작진의 이름을 문자언어가 아닌 수어를 통해 시각적으로 보여주는 시도였다.

청인 중심 세상에서 음성언어는 영화의 주 언어다. 공통 언어가 수어가 된다면 영화는 어떻게 제작되며, 엔딩 크레디트는 어떻게 표현될 것인가? 이 영화의 내러티브에서 '농인' 과 '수어'는 자연스럽고 평범하게 그려진다. 시놉시스에서 '장애'와 '농인'이라는 단어를 찾아볼 수 없었던 것처럼 말이다. 토드 헤인즈 감독은 1920년대의 무성 영화 시대를 재현하는 장면을 위해 여러 농인 배우를 섭외했다. 무성 영화에는 소리가 등장하지 않기에 오로지 시각 정보만을 이용해 연기해야 하는데 그걸 가장 잘할 수 있는 이들은 얼굴 표정과 몸을 움직여 소통하는 농인이라고 판단했다. 농인 배우는 시각적 표현 방식을 통해 무성 영화라는 설정하에 생생한 이야기를 그려낸다. 감독은 '장애'라는 단어를 사용하지 않는 방식으로 고요한 침묵의 세계를 소개한다. 제작진은 영화를 촬영하면서 농인 배우와 원활히 소통하기 위해 기본적인 수어를 배웠다고 한다. 이 영화는 '농인'과 '무성 영화'라는 매체가 만났을 때 어떤 가능성을 만들어내는지 보여준다. '소리 없음'이 제약 혹은 제한이 아니라 새로운 가능성의 확장이 된다.

영화를 보고 나오면서 농인을 자연스럽지 않은 방식으로 재현하는 영화들이 생각났다. 소리가 들리지 않는 조연 캐릭터를 갑자기 등장시켜 관객으로 하여금 불쌍하고 안타까운 감정을 갖게 하는, 청각장애를 도구로써 사용하고 버리는 영화. 농인의 이야기를 다룬다면서 농인 배우를 섭외하지 않고 청인 배우를 섭외해 간단한 수어를 가르친 후 연기하게 하는 영화들. 외국인이 서투른 한국어로 한국인을 연기하거나, 백인이 얼굴에 검은 분칠을 한 후 흑인을 연기하는 것과 다를 바 없다. 청인 중심의 촬영 현장에 농인이 있다면 의사소통은 평소보다 더 오랜 시간이 걸릴 것이고 더 많은 비용과 노력을 필요로 할 것이다. 토드 헤인즈 감독은 그것을 장점으로 만들어냈다.

엔딩 크레디트를 꽉 채운 손의 근육을 떠올린다. 영화 〈반짝이는 박수 소리〉(2014)의 수어 내레이션 장면을 떠올렸다. 영화를 연출하면서 나 또한 영화의 주 언어를 고민했다. "사진과 축구를 좋아하는 소년이 있었다. 달리기에 재능이 있는 소녀가 있었다"라는 딸이자 감독의 내레이션으로 시작하는 이 영화는 입술 대신 손으로 말하고 사랑하고 슬퍼하는 농인 부모에 관한 이야기이며 그들에게서 나고 자란 청인이자 코다인 동생과 나의 이야기다. 작품이 농인의 세상을 보여주는 영화라면 영화의 언어는 수어가 되어야 했다. 내레이션이 나오는 부분에 수어 이미지를 삽입했다. 그러나 수어 내레이션만 쓸 수는 없었다. 청인 관객에게 농인의 반짝이는 세상을 소개하는 것이 이 영화의 목적이었다. 몰입도를 높이기 위해 수어 내레이션에 음성언어를 더했다. 수어가 주 언어가 된다면 세상은, 영화를 만드는 문법은 어떻게 달라질까?

'장애'를 설명하지 않아도 되는 사회

영화 〈반짝이는 박수 소리〉는 2015년에 한국에서, 2017년에 일본에서 개봉했다. 일본 개봉을 준비할 때였다. 영화 홍보를 위해 언론 홍보 시사회, 일반 시사회를 통해 관객을 만났고 매체와 인터뷰를 했다. 같은 영화였지만 한국과 일본의 반응이 달랐다. 영화가 상영되는 맥락과 배경이 달랐고, 그에 따른 이해 정도도 달랐다. 매체 성격과 기사 내용, 기자에 따라 질문 내용이 달라지긴 했지만 일주일 넘게 매체 인터뷰만 하니 고되고 힘들었다. 어떤 영화인지, 왜 영화를 만들게 되었는지, 영화를 만들고 나서의 반응은 어땠는지 등 질문과 대답이 반복됐다. 했던 말을 반복하고 있을 때, 한 신문사 기자가 입을 열어 말하다 손을 움직였다. 일본수어였다.

"잘은 못하지만 그래도 2년 정도 수어를 배웠어요. 영화를 보면서 한국수어가 일본수어와 비슷하다는 걸 알게 되었어요. 정말 신기해요."

기자는 수어를 배우며 농인과 농인의 삶에 대해 관심을 갖게 되었고, 자연스럽게 농인에 대한 기사도 쓰게 되었다고 했다. 그는 남성이었다. 한국 사회를 비롯해 대다수의 사회에서 수어를 배우는 이들은 대개 여성이다. 주요 일간지에서 취재를 하러 나온 남성이자 비장애인인 그에게서 수어를 보게 될 줄이야. 일반화를 할 수는 없지만 부러웠다.

"수어를 배우기 시작하자 농인의 세상이 펼쳐졌어요. 농인을 여럿 만나게 되었는데 정말 유쾌하고 긍정적인 사람들이라 놀랐죠."

농인과 농사회에 대한 이해를 가진 사람과 인터뷰하는 일은 달랐다. 고생스럽지 않았다. 정말이지 대화를 하는 것 같았다. 농인의 특성은 국적과 상관없이 어떤 공통점을 지니는 지, 코다는 어떤 경험을 하는지, 어떤 점이 힘들고 어려운지를 구구절절 설명하지 않아도 되었다.

다른 일간지와의 인터뷰 역시 그랬다. 장애에 대한 기사를 많이 다뤄왔다는 기자는 자신이 아는 몇몇 수어 단어를 영화 속에서 발견했다며 기뻐했다. 굳이 설명하고 반복해 기계적으로 대답하지 않아도 되었다. 농인이 사용하는 수어가 무엇 인지, 수어와 음성언어의 문법 체계는 어떻게 다른지, 왜 '청각장애인'이 아니라 '농인'으로 불러야 하는지를 나열할 필요가 없었다. 마음도, 목도 편했다. 어깨에 힘을 주고 목에 핏대를 세우며 코다인 나와 농인 부모를 설명할 필요도, 최대한 긍정적인 말로 표현할 필요도 없었다.

그런 순간과 시도를 마주할 때마다 희망이 생긴다. 서로의 다름을 존중하고 각자가 가진 고유성을 인정하기에 '장애'라는 단어를 굳이 가져다 쓰지 않아도 될 때. 사회의 '소수자', '마이너리티', '장애인'이라는 말을 굳이 사용하지 않아도 되는 사회, 그런 분류가 더 이상 필요하지 않은 사회, '소수'가 '다수'에게 매번 자신의 소수성을 설명하지 않아도 되는 사회가 어쩌면 가능할지도 모른다고 믿게 된다.

장애인 세계 만들기

친구가 클럽하우스Clubhouse 초대장을 보내왔다. 2021년 2월, 한국의 온라인을 뜨겁게 달군 이 소셜미디어는 실시간 오디오를 기반으로 하는 새로운 형태의 미디어다. 2020년 3월에 만들어져 미국 실리콘밸리에서는 벌써부터 화제였던 이 소셜미디어에 한국 사회의 '인싸', '셀럽'이라고 불리는 이들이 가입하면서 입소문을 탔다. 궁금했지만 들어가볼 수 없었다. 초대장이야 구하면 될 일이었지만 실시간 오디오 기반의 서비스라는 것이 맘에 걸렸다. '엄마, 아빠와 같은 농인은?'이라는 질문이 떠나지 않았다.

불편함과 호기심을 안고 클럽하우스 세계에 진입했다. 여러모로 접근성이 떨어지는 미디어였는데 그 제한성과 제약

이 매력이자 장점으로 기능했다. 아이폰, 아이패드와 같은 iOS 기반에서만 설치할 수 있고, 기존 사용자의 소개를 받아야 가입할 수 있다. 직접 가입할 수도 있지만 전화번호로 연결된 기존 사용자가 수락을 해주어야 한다. 사용자의 프로필 페이지에서 누구의 소개를 받아 가입했는지 볼 수 있는데 이는 '인맥'과 같은 기존 인적 네트워크를 강조하는 기능을 한다. 각 분야의 '인싸', '셀럽'이 업계 동향과 같은 정보를 나누는 걸 들을 수 있고 운이 좋다면 대화도 할 수 있다는 점, 기존 SNS에서 보던 글과 사진이 아니라 정제되지 않은 목소리를 들을 수 있다는 것이 차별화 지점이었다. 라디오 방송, 팟캐스트 진행자가 클럽하우스로 건너가 청취자와 이야기를 주고받았고, 선거를 앞둔 정치인이 방을 개설해 질의응답을 했다. 김제동, 노홍철 등의 연예인이 고민상담 방을 열었고, 책을 소개하거나 낭독하는 크고 작은 책모임도 열렸다. 설날 연휴를 맞아 사주를 봐주기도 하고, 여성 사용자가 남성 사용자의 프로필 사진을 보며 평가를 하는 '본격 외모품평 미러링' 방도 큰 인기였다. 성대모사 방은 늘 사람들로 미어터졌다.

재밌었지만 복잡한 마음을 감출 수 없었다. 라디오와 팟캐스트 방송 듣는 걸 좋아하지만 주도적으로 해볼 마음을 가지지 않았던 혹은 못했던 이유는 농인 부모와 공유할 수 없기 때문이었다. 클럽하우스도 마찬가지였다. 코로나19로 한동안 만나지 못했던 이들과 잠옷을 입은 채 편하게 이야기 나누고, 네트워크 파티에서 소개받을 법한 사람들과 연이 생긴다는 점은 좋았지만 이 대화에 엄마와 아빠 같은 농인을 초대할 수는 없었다. 누군가는 클럽하우스의 접근성에 대해 논하는 방을 개설해 문제의식을 공유하고 해결 방안을 찾아보자고 했지만 그것 또한 이상했다. 정작 농인, 청각장애인과 같은 당사자는 참여조차 할 수 없기 때문이었다.

'듣는 사람'과 '보는 사람'

중학교를 다닐 때였다. 너도나도 듣는다는 라디오 프로그램, 나도 듣고 싶었다. 라디오 플레이어뿐 아니라 카세트테이프를 넣어 음악도 듣고 싶었다. 부모님께 라디오 청취 기능이 있는 카세트테이프 플레이어를 사달라고 조르고 싶은데 입이 떨어지지, 아니 눈을 마주치고 손을 움직여 말할 자신이 없었다. 듣고 싶다고, 남들 다 듣는 라디오와 음악, 나도 들어보고 싶다고 말해야 했는데 그 말과 행동이 엄마와 아빠를 배제하는 것 같았다. 수어로 통역을 해도 온전히 나눌 수 없을 소리의 세계에 진입하겠다고 하는 것이 이기적으로 느껴졌다. 고민 끝에 손을 움직여 말했다. 듣는 기계, 나도 사달라고. 아빠는 어떤 것도 묻지 않고 고개를 끄덕였다. 그렇게 카세트테이프 플레이어를 갖게 되었다. 엄마와 아빠는 알지 못하는 미지의 공간, 나만이 듣고 즐길 수 있는 소리의 영역이었다. 둘은 초대받을 수 없었지만 이해하고 인정했다. 소리를 듣는, 자신과는 다른 감각으로 살아가는 청인인 딸이 그 세계로 나아가는 걸 받아들이고 지지했다.

나는 비장애인 중심 세계에서 수어를 모국어로 사용하는 청인으로 살아간다. 청인 중심 세계에서 청인으로 사는 일은 무척 쉽다. 수어라는 언어를, 그 언어를 사용하는 이들의 세계를 몰랐더라면 더 쉬웠을지도 모르겠다. 라디오, 팟캐스트 방송에 출연해 내가 만든 영화와 책을 소개할 때면 복잡한 마음이 든다. 엄마와 아빠는 접근조차 할 수 없기 때문이다. 농인 부모를 찍은 영화 〈반짝이는 박수 소리〉와 동명의 책에 대한 이야기를 할 때면 더더욱 그렇다. 농인과 수어에 대해 이야기하는데 정작 당사자는 들을 수 없다. YES24 팟캐스트 '책읽아웃'에서 섭외 요청이 들어왔을 때 좋아하는 프로그램이라 뛸 듯이 기뻤지만 부모님에게는 알리지 못했다. 어떻게 할까 고민하다 농인과 수어를 잘 모르는 이들에게 오디오 기반 미디어를 통해 농문화를 알릴 수 있다는 것에 만족하기로 하고 현실과 타협했다. 녹음 이후, 진행자와 제작진은 이길보라에게 양쪽 성을 물려준 농인 길경희와 이상국이 방송을 들었으면 한다며, 보이는 라디오 용도로 촬영해놓은 영상에 수어통역을 삽입했다. 진행자와 나눴던 대화는 문자언어로 옮겨져 기사화되었고, 수어를 모르는 청각장애인도 내용에 접근할 수 있었다. 오디오 기반 미디어 콘텐츠의 접근성을 높여 기존 청취자, '듣는 사람'의 영역을 '보는 사람'으로 확장해낸 것이다.

장애인 세계 만들기

『사이보그가 되다』(2021)는 기술의 발전이 인간의 몸을 자유롭게 하는 것인지 질문하며, 장애라는 고유한 경험이 과학기술과 결합할 때 맞이할 수 있는 다른 내일을 제시한다. 이 책에서 김초엽은 비장애인 중심으로 설계된 게임 속 가상공간에서의 경험을 이야기하며 묻는다.

"장애인들에게 열려 있는 세계를 구축하는 일은 가상공간에서도 어려운 것일까?"[16]

청각 장애를 갖고 있는 김초엽은 클럽하우스의 대유행을 보며 그동안 청각장애인을 원천적으로 배제하는 매체가 없었던 건 아니지만 이 미디어가 청각장애인을 배제하는 방식

으로 설계되었고, 미국에서 만들어진 만큼 접근성 관련 논의
에서 보다 더 열린 방식으로 기획될 가능성이 있었음에도 그
렇지 못했다는 것이 문제라고 지적한다. 안희제《비마이너》
기자에 따르면 클럽하우스는 오디오 기반 미디어임에도 시
각장애인이 접근하기 어렵게 설계되었다. 스피커 제안과 스
피커 수락·거절 버튼이 보이스오버로 인식되지 않는다.[17] 논
란이 거세지자 클럽하우스는 업데이트를 통해 보이스오버와
의 호환성을 높였고 접근성에 대한 해결 방안을 찾고 있다고
발표했다. 트위터 또한 2020년 11월 클럽하우스와 같은 오디
오 네트워킹 기능을 사용할 수 있는 '오디오 스페이스'를 공
개했고 소수의 사용자를 대상으로 베타 서비스 중이다. 페이
스북도 비슷한 기능의 오디오챗을 개발하고 있다.[18]

오디오 기반의 미디어가 지금의 소셜미디어를 대체할지
도 모르겠다. 그렇다면 그 새로운 세계에서의 접근성은 어떻
게 높일 수 있을까? 책에서 김초엽은 "장애인 세계 만들기"
라는 용어를 소개하며 "우리가 살고 있는 환경의 대부분은
장애인이 살아가기에 적합하지 않게 설계되어 있으므로 장
애인들은 끊임없이 자신의 주위 환경은 물론이고 지역 사회
와 공동체를 '땜질'하는 작업을 하게 된다"[19]라고 말한다.

어렸을 때 우리 가족은 이사를 많이 다녔다. 새로운 집에
도착해 가장 먼저 하는 일은 현관 초인종 위에 버튼을 하나

더 다는 일이었다. 누르면 '떵동' 하고 소리를 내는 초인종은 농인 부모에게는 제 기능을 하지 못했기 때문이다. 검은색 전선용 테이프로 마감된, 수상하고 어설퍼 보이는 버튼을 누르면 노란색 불빛이 가득 찼다. 여러 차례 누르면 크리스마스 같은 기분도 들었고 많이 누르면 정신이 하나도 없었다. 청인들이 사는 집에는 없고 우리 집에는 있는 특별한 버튼, 그건 우리 집만의 장애인 세계로 들어가는 통로였다. 아빠는 그 세계를 누구보다 치밀하게 설계하는 개발자이자 탁월한 기술자였다. 오디오 기반 미디어의 출현을 바라보며 아빠가 만들어낸 '장애인 세계'와 나에게 사준 카세트테이프 플레이어를 생각한다. 농인인 아빠가 청인인 나의 세계를 받아들이고 인정한 것처럼, 청인인 우리가 '장애인 세계'를 인지하고 먼저 지원하는 일, 온라인 세계에서조차 어려운 것일까?

듣는 대신 볼 권리

2016년 2월 23일, 제340회 국회 본회의에 정의화 국회의장이 '국민보호와 공공안전을 위한 테러방지법'(이하 '테러방지법')을 직권상정했다. 그러자 더불어민주당 소속 의원 108명은 테러방지법의 표결을 막고자 필리버스터[Fillibuster]를 시작했다. 1964년 김대중 신민당 의원 이후 52년 만에 처음 있는 필리버스터였다. 테러방지법의 발의 목적은 2015년 11월 이슬람국가[IS]의 파리 연쇄 테러 이후, 국내에서도 의심이 되는 사람이라면 누구든지 감시해 국가와 국민을 지키는 것이었다. 하지만 이 법은 언제든지 '나쁜 법'으로 악용될 소지가 있었다. 법의 현실적 근거가 부족하기도 했다. 언제 어떻게 일어날지 모르는 테러를 방지하기 위해 국민의 통화 기록을 들여다보고, 계좌 내역을 확인하고, 카카오톡 채팅 방을 들여다본다는 말에 사람들은 1970년 유신 시대를 떠올렸다.

'필리버스터'를 검색했다. 합법적인 의사진행방해, 국회에서 구성원 한 사람이 어떤 안건에 대해 장시간 발언하여 진행되는 표결을 지연하거나 완전히 막는 행위라는 뜻이었다. 더불어민주당과 정의당, 국민의당의 국회의원들이 필리버스터를 하겠다고 나섰다. 당시 나는 정치에 별 관심이 없었다. 정치판에는 희망이 없다고 생각했다. 내 목소리를 대변할 수 있는 국회의원, 정치인도 없었고 이 사람이나 저 사람이나 별다를 게 없다고 느꼈다. 더불어민주당 은수미 의원이 "헬조선을 외치는 청년들은 도망치는 거 외에는 둥지가 없는 사람들입니다"라고 말했다. 일을 멈추고 핸드폰 화면을 들여다보았다.

"자기의 인권과 권리를 보장받지 못한 사람은 그것이 얼마나 중요한지 모를 뿐만 아니라 타인의 권리를 보장하기도 어렵습니다. 우리의 미래가 그렇게 되어서는 안 됩니다. (중략) 제가 왜 테러방지법을 이야기하면서 이 이야기를 굳이 드리냐면, 사람은 밥만 먹고 사는 존재가 아닙니다. 밥 이상의 것을 배려해야 하는 것이 사람입니다. 그래서 헌법이 있습니다. 헌법에 일자리, 노동, 복지, 언론의 자유, 집회의 자유, 불가침의 인권, 행복할 권리 같은 것이 있습니다. 인간은 그런 존재입니다."

눈물이 핑 돌았다. 국회에, 이미 끝났다고 생각했던 정치판에 청년을 이해하고 청년을 말하는 국회의원이 있었다. 우리가 왜 투표를 하지 않고, 짱돌을 들지 않고, 연대하지 않고, '헬조선'이라는 말을 만들어내고, 틈만 나면 이 나라를 떠날 궁리만 하는지 알고 있는, 지옥 같지만 내가 나고 자란 한국을 애정하고 증오하는 이들을 이해하는 국회의원이 있었다. 필리버스터를, 정치를 좀 더 들여다봐야겠다고 생각했고, 그 순간 한 사람이 떠올랐다. 테러방지법에 분노하고 필리버스터에 열광하는 많은 사람들 속에서, 아무것도 모르고 있을 사람. 엄마였다.

필리버스터와 엄마

가족 채팅 방에 문자를 보냈다.

지금 국회에서 하고 있는 필리버스터 뭔지 알아?

아빠에게서 답장이 왔다.

아빠는 친절하게도 포털 사이트에 '필리버스터'를 검색해 결과를 '복사-붙여넣기' 하여 보내주었다. 검색을 하지 못하는 상황인 줄 알고 사랑하는 딸을 위해 직접 인터넷을 통해 정보 사냥을 한 것이다. 엄마에게서 답장이 왔다.

나는 엄마에게 필리버스터를 어떻게 설명해야 할지 고심했다. 생중계 방송을 보며 수어통역을 하는 것이 가장 좋겠지만 나는 출장 차 외국에, 엄마는 한국에 있었다. 영상통화를 걸어 설명하는 방법도 있지만 그건 필리버스터의 의미와 효과만을 요약 설명할 뿐이었다. 어떤 의원이 정확히 어떤 말을 하고 있는지, 어떤 핵심을 짚고 있는지, 내가 감동받은 은수미 의원의 문장은 어떤 의미를 지니는지 정확히 전달할 수 없었다. 감동을 나누기 위해서는 필리버스터의 전 토론 내용이 실시간 수어통역으로 제공되어야 했다.

농인 입장에서 수어통역 없는 필리버스터는 청인 국회의 원들이 입만 뻐끔뻐끔하는 행사다. 무슨 말인지 알 수가 없다. 몇몇 이들이 국회에 수어통역을 요청했다. 국회방송은 "예산이 수반되어야 하는데 갑작스럽게 그리고 장시간 노출되는 필리버스터에 대해서는 지금 당장 지원하기 어렵다"라고 했다. 국회방송에는 실시간으로 자막이 제공된다. 대다수의 농인은 특수 교육의 한계로 '제2언어'인 한국어를 제대로 습득하지 못해 문자언어를 읽고 쓰는 것을 어려워한다. 신문에 나오는 기사 내용을 정확히 읽을 수 없고, TV에 '청각장애인을 위한 자막 방송'이 제공되어도 문장의 내용을 파악하기 쉽지 않다. TV와 신문에서 테러방지법과 필리버스터가 무엇인지 백날 이야기해도 농인은 왜 청인 국회의원이 국회에 서서 화장실도 가지 않고 무언가를 말하고 있는지 쉽게 파악하기 어렵다.

필리버스터가 시작된 지 4일 후인 2016년 2월 27일, 필리버스터 18번째 토론자로 나온 진선미 의원의 발언부터 수어통역이 제공되었다. 국회방송은 무제한 토론은 일반 회의에 해당하기에 수어통역 지원 대상이 아니었지만 방법을 강구해보고자 시작하게 되었다고 입장을 밝혔다. 완벽하지는 않았다. 오랜 시간 계속되는 무제한 토론인 만큼 통역사도 충분히 배치되어야 했는데 그러지 못했다. 한국농아인협회에서는 예산 문제 때문이라면 수어통역사 자원봉사자를 지원하겠다고 했으나 국회방송은 국회에 등록된 수어통역사만이 통역을 할 수 있다며 제안을 거절했다.

2월 23일 김광진 의원부터 시작된 필리버스터는 3월 2일 이종걸 의원까지 총 38명의 의원이 연단에 서며 누적 발언시간 총 192시간 27분으로 세계최장기록을 세웠다. 18번째 토론자에서부터 38번째까지 총 21명의 의원이 돌아가며 필리버스터를 하는 동안 네 명의 수어통역사가 모든 내용을 통역했다. 이 역시 세계최장기록에 올라갈 일이다. 그들의 수고와 노력에 감사의 말을 전한다. 그러나 수어통역사에게도, 통역을 제공받는 농인에게도 잘못된 조건이었다. 최상의 동시통역 조건은 20분마다 통역사를 교체하는 것이다. 수어통역사 개인은 최선을 다하겠지만 장시간 일을 하다 보면 결과물의 질이 떨어진다. 수어를 잘 모르는 청인은 국회의 필리버스터 영상을 보며 한국은 수어통역이 상시 제공되는 평등한 나라라고 생각했을지 모른다. 하지만 통역의 질이 높지 않다면 농인들은 정보를 전달받을 수 없다. 그들의 권리는 보장받지 못했다.

농인도 이해하는 쉽고 재미있는 탈핵 이야기

　탈핵 운동을 하는 고모가 '농인도 이해하는 쉽고 재미있는 정치 이야기'라는 제목으로 탈핵과 정치를 설명하는 수어 영상을 찍자고 제안했다. 화면 왼쪽에는 고모가 앉고, 오른쪽에는 수어로 통역하는 엄마가 앉는 구성이었다. 오후 4시에 촬영을 시작해 6, 7시쯤 마무리를 짓고 저녁을 먹을 계획이었다. 하지만 저녁 식사는커녕 밤 11시가 되어서야 촬영을 종료했다. 다 끝내지도 못했다. 계획했던 것의 절반도 찍지 못했는데, 촬영 전에 엄마에게 내용을 이해시키는 데 오랜 시간이 걸렸기 때문이다. 고모는 말했다.

　"나는 사회에서 가장 소외되어 있는 장애인, 그중에서도 정보로부터 가장 제한된 농인이 정치를 이해할 수 있어야 진짜 '정치'라고 생각해."

　엄마는 물었다.

　"정치는 똑똑한 사람이 하는 거 아니야? 나같이 장애가 있고 못 배운 사람은 그런 거 잘 몰라."

　엄마는 오른손의 손끝으로 오른쪽 어깨를 두 번 스쳐 올렸다. '모르다'라는 수어였다.

　"국회의원은 국민으로부터 위임을 받아 그 뜻을 대신 전달하는 사람이야. 나는 대전시 유성구민을 대신해서 그들이

하고 싶은 이야기를 국회에 전달하려고 하는 것이고. 노동당에서 출마하는 나의 핵심 공약은 탈핵인데, 대전시 유성구 덕진동에는 핵발전소 연료봉 생산 공장이 있어. 연구 목적으로 만들어진 '하나로 원자로'라는 작은 핵발전소도 있고. 전국에서 두 번째로 많은 핵폐기물이 도시 한복판에 묻혀 있는데 중요한 건 지역 주민들이 이 사실을 모른다는 거지."

고모는 핵발전소의 반경 20킬로미터 이내에는 사람이 살지 않도록 해야 하는데, 반경 800미터에 초등학교가 있다고 했다. 위험성에 대해 아무것도 입증되지 않은 현 상황이 문제라고 했다.

"핵, 뭐? 핵발전소 무슨 문제? 연료봉 무슨 말? 그거 어떻게 생겼어?"

엄마는 '탈핵'이라는 단어를 이해하지 못했다. 나는 '핵'이라는 단어와 '없애다'라는 수어를 동시에 사용했는데 나도 '핵'이라는 단어를 정확히 몰랐다. 엄마는 '핵'이라는 수어는 두 주먹을 모아 위로 펼치면서 무언가가 터지는 듯한 모양으로 손을 움직여야 한다고 했다. 원자폭탄이 떨어졌을 때와 비슷한 모습이었다. '핵발전소'라는 단어를 말하기 위해서는 '핵'과 '발전소'라는 수어를 더해야 하는데, '원자폭탄이 터지는 모습'과 '공장'이라는 수어 단어가 만나자 '핵발전소' 혹은 '원자력발전소'를 연상하기에는 어려운 단어가 되었다. '핵'

과 '원자력'에 대한 배경지식이 없는 농인에게 핵발전소의
위험성에 대해 이야기하기 위해서는, 원자력이 어떤 것이고
원자력발전소가 어떤 원리로 전기를 생산해내는지 설명해야
했다. '원자력'이라는 수어를 알아야 했는데 엄마도 실생활
에서 잘 쓰지 않는 단어라 다른 농통역사[20]에게 물어봐야 한
다고 했다. 엄마는 여러 차례 영상통화를 걸더니 마침내 왼
주먹을 모로 세우고 오른 주먹의 검지를 펴 아래로 향하게
하고 왼 주먹 위로 수평 방향으로 한 바퀴 돌리고 수직으로
한 바퀴 돌린 후, 오른 주먹을 쥐고 팔을 구부려 당겼다. '원자
력'이라는 수어였다. 엄마는 눈을 동그랗게 뜨고 물었다.

"그런데 원자력이 무슨 문제야? 연료봉은 어떻게 생겼어?
그 안에 까만 게 있어?"

고모와 나는 핵이 얼마나 위험한지, 방사능이 어떤 유해성
을 가지는지, 원자력발전소가 정말로 필요한지 알 수 없다고
설명했다. 엄마는 이해하지 못하겠다는 표정을 지었다.

"그렇게 위험한데 왜 원자력발전소? 아마 그 공장 없으면
우리 전기 부족하기 때문에. 맞아?"

나는 최근에 봤던 일본 후쿠시마 핵발전소 관련 다큐멘터
리 영화에서 봤던 사례를 예로 들었다. 핵발전소 가동이 중
지되어도 사람들이 전기를 쓰는 일에는 큰 문제가 없다고 말
했다. 엄마는 고개를 끄덕였다.

○ ✦ ○   **165**

"알았어. 그런데 핵발전소 연료봉 통역하기 위해서는 연료봉이 어떻게 생겼는지 알아야 한다. 그 안에 뭐 들었어? 석탄처럼 검은 게 불에 타서 전기를 생산하는 것?"

난관에 부딪혔다. 나도 '원자력'이 어떻게 생겼는지, 어떤 원리로 전기를 생산해내는지 몰랐다.

"엄마, 나도 몰라. 과학이랑 관련된 거야. 연료봉은 봉처럼 기다랗게 생겼는데 과학적인 어떤 게 들어가 있어서 그걸로 전기를 생산하는 거야. 하얀색인지 검정색인지 딱딱한 건지 물 같은 건지 몰라."

답답한 맘에 미간을 찌푸리며 오른손을 들어 손끝으로 오른쪽 가슴을 두 번 스쳐 올렸다.

"어떻게 생겼는지 설명 부탁. 그거 나도 모르고 다른 농인들도 모르기 때문에 시각적으로 설명해야 이해할 수 있어."

엄마는 자꾸만 어떻게 생겼냐고 물었다. 나도 고모도 몰랐다. 그냥 '핵'이었고 '위험한 것'이었다. 어떻게 생겼는지 알지는 못해도 위험하다는 건 알고 있었다. 그러나 엄마는 시각에 의존하는 사람이고, 시각을 중심으로 하는 언어인 수어를 사용하는 사람이기에 시각적인 정보가 필요했다. 엄마의 세계에서 '단어'는 어떤 생김새를 표현해야 쉽게 이해할 수 있었다. 농인들이 잘 모르는 개념이기에 더더욱 그래야 했다.

나와 고모는 분명 농인도 이해할 수 있는 쉽고 재미있는

탈핵과 정치 이야기를 하겠다고 야심 차게 촬영을 시작했지
만 정치의 '정' 자도, 탈핵의 '핵' 자도 설명하지 못했다.

농인도 이해하는 쉽고 재미있는 정치 이야기

고모는 탈핵 이야기는 이쯤 하고 엄마가 궁금한 걸 직접
물어보고 답하는 식으로 구성을 하면 어떻겠냐고 제안했다.

"엄마, 평소에 정치 관련 궁금한 거 있으면 고모한테 물어
보래."

"너희 고모는 대전 사람인데 왜 서울에 와서 영상 찍고 있
는지? 대전에서 열심히 인사하고 명함 돌려야 하는 거 아닌
지? 나는 지난 선거 때 어떤 한 후보가 비가 오는데도 열심히
인사하면서 명함을 나눠주길래. 감동적이어서 그 사람을 뽑
았어. 열심히 하잖아."

엄마는 감동했다는 표정으로 오른손을 약간 구부려 가슴
에서 턱까지 올렸다가 밖으로 반원을 그리며 왼 손바닥으로
천천히 내렸다. '감동'이라는 단어였다.

"그럼 그 사람이 당선되고 난 후에 인사한 적 있냐고 물어
봐. 선거 때만 그렇게 사람들에게 인사하는 거 아니냐고. 그
후보 공약이 무엇인지 알고 있냐고."

나는 엄마에게 통역했다. 엄마는 고개를 갸우뚱하더니 없다고 말했다.

"국회의원은 명함 돌리는 사람도 아니고 인사하는 사람도 아니야. 지역 주민의 의견을 잘 듣고 국회에 전달하고, 정말 필요하고 좋은 법을 만드는 사람이 국회의원이지. 나는 소수 정당 소속이라 거리에서 명함 돌리는 것보다 이렇게 영상 만들어서 직접 홍보하는 방식이 더 효과적이라고 생각해."

고모는 노동당이 어떤 당인지 설명했다. 엄마는 평소에 노동당을 잘 알리고 고모가 하고 싶은 일을 계속하면 되지, 왜 비싼 돈을 내고 국회의원 후보로 출마했는지 물었다. 고모는 평소에 언론 등에서 소수 정당이 하는 일을 보도해주지 않는데 선거철이 되면 각 후보의 이야기를 조금이라도 실어주기 때문이라고 했다. 후보로서 지역에 이런 문제가 있고 관련 운동의 필요성을 주민들에게 알려야 한다고 했다. 엄마는 물었다.

"그럼 왜 다른 후보와 돈 똑같이 냈는데 너희 고모는 TV에 안 나와? 보라 너도 녹색당이라고 하는데 그 녹색 어쩌고도 왜 안 나와?"

엄마는 어떤 후보는 선거 공보물이 여러 페이지로 깔끔하게 인쇄되어 오는데, 어떤 후보는 왜 달랑 한 장짜리 공보물이 오는지, 집으로 도착하는 선거 공보물에 1번, 2번은 있고

분명히 가능한 사회

왜 3, 4번은 빠져서 도착하는 것인지 궁금해했다. 국회의원 후보 토론회에서 소수 정당 후보는 왜 함께 토론하지 않는 것인지 고개를 갸우뚱해했다.

필리버스터와 수어통역

영상은 엄마가 이해해야만 촬영할 수 있었다. 나는 최대한 원고를 쉬운 문장으로 풀어 썼다. 엄마가 이해하지 못한 것은 내용에서 제외해야 했다. 촬영을 도와주러 온 친구는 어렵지만 중요한 일이라며 응원했다.

기존의 수어통역 영상과는 다른 방식으로 영상을 만들고 싶었다. 수어통역사가 화면 하단의 동그란 모양에 들어가는 것이 아니라, 음성언어로 말하는 사람과 수어로 말하는 사람이 화면에 나란히 앉아 진행하는 방식으로 하고자 했다. 그러나 엄마는 고모의 말을 들을 수 없었다. 고모와 엄마가 화면에 띄운 원고를 보며 동시에 이야기를 해야 하는데 고모의 음성언어와 엄마의 수어 속도가 달라지거나, 고모가 하는 말의 단어와 어순이 바뀔 경우 문제가 되었다. 둘이 소통할 수 없으니 통역의 속도를 조정하거나 단어를 실시간으로 바꿔 통역할 수 없었다.

농인이 직접 원고를 보고 수어로 발화하는 것에는 상당한 장점이 있었다. 농인이 자신의 언어로 말하고 설명하기에 다른 농인들이 쉽게 이해할 수 있었다. 엄마는 당신이 이해한 '핵'을, 당신이 받아들인 '연료봉'을, 당신이 알아 낸 '필리버스터'를 수어로 말했다. 카메라 앞에만 서면 얼굴 표정이 부자연스럽게 변하는 고모, 자신이 이해한 대로 정치 이야기를 최대한 쉽게 풀어 설명하는 엄마. 둘의 조합은 어색하기 짝이 없었지만 훌륭한 시도였다. 적어도 엄마는 필리버스터가 무엇인지, 필리버스터를 하면서 수어통역이 제공되지 않았는데 도중에 어떻게 도입되게 된 것인지, 필리버스터로 수고한 국회의원 덕분에 '행복하게 끝났습니다'가 아니라 필리버스터가 끝난 이유는 선거법 통과를 위해 도중에 중단될 수밖에 없었다는 사실을. 결국 테러방지법은 통과되었고 자신뿐 아니라 국민 모두가 국가로부터 언제든지 안전을 빌미로 도청당하고 감시당할 수 있게 되었다는 걸 알게 되었다.

듣는 대신 볼 권리

그해 겨울인 2016년 11월, '내가 이러려고 한국에 태어났나 자괴감이 들어'[21] 박근혜 대통령 퇴진운동 촛불집회에 나

갔다. 가장 먼저 눈에 띈 것은 스크린 우측 하단의 수어통역 영상이었다. 핸드폰을 꺼내 사진을 찍었다. 정보습득 권리와 듣는 대신 볼 권리를 위해 통역사들이 자발적으로 수어통역 지원을 했다. 농인의 정보접근권을 위한 무보수 수어통역이었다. 그러나 수고에 비해 수어통역 영상은 작았고, 스크린의 개수도 부족했다. 군중을 헤치고 무대 가까이로 가야만 통역을 제공받을 수 있었다. '박근혜·최순실 게이트'가 터지고 날마다 새로운 소식이 '속보', '단독'이라는 머리말을 달고 등장했다. 한국 사회의 온갖 병폐가 드러나고 있었다. 속보 기사의 활자를 읽어가는 것도 버거운데, '비선 실세'와 같은 용어를 난생처음 접하는 농인은 사안에 대한 정보를 충분히 습득하고 있는지 궁금했다.

엄마에게 영상통화를 걸었다. 엄마는 무슨 일이 일어나고 있는지 하나도 모르겠다고 했다. 지금까지의 사건을 일목요연하게 정리해 수어로 통역했지만 박근혜, 최순실, 최태민의 관계를 수어로 푸는 일은 정말 어려웠다. '미르 재단', '정경유착', '출연금' 등의 낯선 단어를 통역하기 위해 개념을 풀고 또 풀어야 했다. 어려운 단어를 아이에게 설명했을 때 아이가 '왜?', '그게 뭔데?' 하고 계속 되묻고 답하는 것과 비슷했다. 농인은 시각에 기반을 둔 언어를 사용하기에 용어를 시각적으로 변환하는 과정을 거쳐야 한다. '혼이 비정상'[22]이 되는 한국 사회에서 부족한 나의 통역 실력으로 수어와 음성 언어 사이의 한계를 어떻게 뛰어넘을 수 있을지 고심했다.

도저히 사람들이 왜 촛불을 드는지 모르겠다는 엄마가 광화문에 왔다. 광장을 꽉 메운 촛불을 자신의 '눈으로' 직접 보았다. 엄마는 귀로 들을 수 없지만 사람들이 어떤 구호를 외치고 있는지 다른 감각을 통해 습득했다. 100만 명으로 추산되는 군중의 얼굴과 표정, 근육의 미세한 떨림, 흔들리는 촛불의 온기까지, 엄마는 무수히 많은 이들의 목소리를 눈으로 보고 들었다.

엄마는 매일같이 영상통화를 걸어 물었다.

"왜 대통령 그만두다 안 하다? 못 박힌 것을 빼내는 것(탄핵) 언제 해?"

엄마는 왼 주먹의 엄지를 펴서 세우고 엄지가 오른손의 엄지와 검지 사이로 나오게 오른손으로 왼손을 내려 덮었다. '맡기다'라는 수어였다. 왼 주먹의 엄지를 펴서 세우고 오른 주먹의 검지와 중지를 펴서, 왼 주먹의 검지에 끼웠다가 뒤로 당기며 힘껏 뺐다. 박힌 못을 노루발로 뽑는 모양이었다. '맡기다'라는 수어와 박힌 것을 빼는 형상이 만나 '탄핵'이 되었다. 직관적이고 명료했다. 엄마는 그렇게 자신이 직접 눈으로 보고 몸으로 경험한 현장에서 '정치'를 만났다. 얼마 지나지 않아 당신이 살고 있는 지역에서 열린 박근혜 대통령 퇴진운동 촛불집회의 자유 발언대에 서서 수어로 자신의 입장을 발언했다. 더 나아가 상상해본다. 농인 당사자가 국회의원이 되어 수어로 정책을 발표하고, 대통령이 되어 수어로 연설을 하는 모습을. 농인의 말을 통역사가 '청인을 위해' 음성언어로 통역하는 광경을, 수어로 장시간 필리버스터를 하며 정치를 논하고 탈핵을 외치는 미래를 그려본다. 이 모든 상상이 현실이 되기 위해서는 '들을 권리'처럼 '볼 권리'가 확보되어야 한다.

수어의 기호화에
반대한다

수어통역사가 무대에서 힙합을 통역한다. 청인들은 근사하다며 사진을 찍고 박수를 보낸다. 무대에 선 뮤지션만큼 수어통역사도 주목받는다. 그런데 통역이 엉망진창이다. 수어를 모르는 청인은 감동한다. 무대 아래에 선 농인은 무슨 말인지 알아들을 수 없다는 표정으로 청인과 통역사를 바라본다. 이 모든 것을 미국 코다 수어통역사가 머리 모양과 옷차림을 바꿔가며 연기한다. 그가 직접 촬영하고 편집한 상황극이다.

그는 수어와 수어통역사에 대한 관심이 높아진 건 환영할 일이나 방향성에 대해 질문해야 한다고 말한다. 이 모든 현상이 정말 농인을 위한 것이며 그들의 삶의 질을 향상시키는

분명히 가능한 사회

것인지 말이다. 주목받아야 하는 건 통역사가 아닌 그들을 무대 위에 서게 한 농인이어야 한다고, 통역을 제공받는 건 농인의 권리이기에 멋진 일이 아니라 당연하고 보편적인 것이 되어야 하며 이 폭발적 관심이 오히려 농인 당사자의 삶과 현실을 가리고 있다고 말이다.

덕분에 챌린지의 오류

코로나19의 확산 이후 의료진의 헌신과 노고를 기리기 위해 '덕분에 챌린지'가 시작되었다. 이제는 모두가 다 아는, 오른손의 엄지를 펴고 아랫부분에 왼 손바닥을 대는 이 동작은 2020년 4월 중앙재난안전대책본부의 제안으로 시작되었다. 대통령을 시작으로 연예인, 금메달리스트를 비롯해 지방자치단체까지 참여하는 대국민 응원 캠페인으로 발전했다. 문제는 이것이 '덕분에'라는 수어가 아니라는 거였다. '존중하다', '존경하다'라는 뜻으로, 의료진에게 존경의 마음을 보낸다는 넓은 의미로는 맞지만 '덕분에'라는 뜻은 아니었다. 또한 수어는 얼굴 표정과 공간을 사용하는 언어다. '덕분에 챌린지' 손동작을 아래에서 위로 매끄럽게 올림과 동시에 존중하는 표정을 지어야 '존경하다'라는 의미가 완성된다.

사람들은 수어를 알게 되었다며 너도나도 캠페인에 참여했고, 이는 '케이방역'을 상징하는 기호로 재탄생했다. 누군가는 수어에 대한 관심이 높아지니 좋은 것 아니냐고 했지만 불편했다. 캠페인의 지향점은 '수어를 배웠다'에서 더 나아가야 했다. 마스크 착용으로 얼굴 표정을 보기 어려워 의사소통이 어려운, 코로나19로 의료·사회·경제적 타격을 맞은 농인의 삶에 대한 관심으로 이어져야 했다. 그러나 한국 사회는 수어를 도구적으로 사용하며, '방역을 성공적으로 해낸 정부'에 자부심을 키울 뿐이었다. 더 위험한 건 문제를 제기하기 어려운 사회적 분위기였다. '케이부심'이 하늘을 찌르던 때였다.

걱정하던 일은 현실이 되었다. 2020년 5월, 민주노총전북본부가 '덕분에 챌린지'의 수어 동작을 뒤집은 이미지를 게시한 것이다. '#오리온_때문에 #직장내괴롭힘_때문에'라는 해시태그와 잘못된 수어 이미지를 함께 게시해 오리온 직장 내 괴롭힘을 고발하고 알리는 캠페인을 벌이고 있었다. 완전히 틀린 수어였다. '덕분의 챌린지'에 대한 높은 사회적 관심과 인식을 활용해 사안을 알리려는 의도였는데 이는 잘못된 수어였으며 한국 사회가 수어 이미지를 도구화하여 사용한다는 걸 명확하게 보여주는 사례였다. 직장 내 괴롭힘을 암시하며 투신한 사건을 계기로 시작된 캠페인이라 의견을 더

하기 어려웠지만 필요한 목소리를 내야 한다고 생각해 글을 작성했다.

삼가 고인의 명복을 빕니다. 조심스럽지만 이 그림에 있는 수어는 없는 수어입니다. '존중하다'라는 수어의 반대말은 '비존중', '무시하다'인데 무시는 코 푼 휴지를 상대방에게 던지는 모양의 수어입니다. 엄지를 아래로 내린다고 무조건 반대의 뜻이 되는 건 아닙니다. '때문에'는 완전히 다른 수어고요. 많은 분들이 '존중'이라는 수어를 '덕분에 챌린지'를 통해 접하고 있는데 위 이미지를 통해 '무시', '비존중'이라는 수어가 잘못 확산될까 우려됩니다. 이슈를 알리기 위해 '덕분에 챌린지'의 사회적 인지도를 활용하겠다는 의도는 알겠으나 잘못된 수어를 확인 없이 사용하는 것을 보며 복잡한 마음이 듭니다. '덕분에 챌린지'로 수어에 대한 관심이 높아지는 건 환영할 일이나 수어에 대한 잘못된 인식의 확산이 우려됩니다. 수어 그 자체가 대상화 혹은 도구화되는 것 같아 불편하기도 합니다. 모두가 '덕분에 챌린지'로 수어를 사용하지만 이는 농인의 삶에 어떤 영향을 미치고 있을까요? 한국 사회는 코로나19 시대의 농인의 삶에 정말로 관심 가지고 있을까요?

글을 공유하고 원 게시물에 댓글을 달았다. 메시지도 보내놓았다. 잘못된 수어 이미지가 퍼지기 전에 막아야 했다. 사안에 관심이 있는 농인 역시 의견과 댓글을 달았다. 수어의 어떤 동작은 수향, 손의 방향을 바꾸면 반대의 뜻이 되기도 한다. '존중하다'라는 수어에서 엄지를 편 오른 주먹은 '사람'을 뜻한다. 그 아래 댄 왼손은 '자리', '바닥'이라는 뜻이다. 사람의 엉덩이를 받치고 있는 자리를, 위로 올리는 것은 표현 그대로 그 사람을 낮은 자리에서 높은 곳으로 올리는 것이다. 그 사람을 높게 여긴다는 의미가 된다. 존경하는 표정과 손동작을 위로 올리는 속도와 방향이 중요하기에 수어는 2차원 이미지로 표현하는 데 적합하지 않다. 엄지를 편 오른 주먹의 방향을 반대로 바꾸면 사람 머리가 바닥에 꽂히는 모양이 되는데 주먹을 위아래로 두 번 움직이면 너무 이상한 행동, 말이 안 되는 비상식적인 행동을 할 때 쓰는 말이 된다. '때문에'라는 의미가 아니며 농인들이 잘 쓰지 않는 표현이다.

얼마 후, 민주노총전북본부에서 거기까지는 확인하지 못했다며 죄송하다는 말과 함께 수어 이미지를 내리는 조치를 취하겠다고 했다. 그들만을 탓할 문제는 아니었다.

애초에 '덕분에 챌린지'의 수어가 정확한 표현이 아니었기 때문이다. 캠페인이 전국적으로 확산되며 대국민 응원 캠페인이 될 때 누군가는 정확하게 문제를 제기했어야 했다. 이 수어는 '존경하다'라는 수어이며 왼 손바닥에 엄지를 편 오른 주먹을 가져다 대는 것만으로 수어의 의미가 완성되지 않는다는 것을 말이다. 우리는 캠페인 목적으로 2차원적 이미지의 기호로써 수어를 사용하지만, 실제 이 수어를 언어로 사용하는 당사자가 있다고. 관심 가져야 하는 건 어떤 연예인이 캠페인 인증샷에 참여했는지가 아니라 현장에서 최선을 다하는 의료진이며, 더 나아가 수어를 사용하는 당사자들의 인권과 기본권이라고. 코로나19로 이들의 존재가 가려지고 지워지고 있다고. 한국 사회는 캠페인의 목적과 방향을 돌아봐야 했지만 단계를 건너뛰고 수어를 도구적으로 소비했다. 그에 파생된 문제가 연이어 발생한 것은 당연한 수순이었다.

농인 없는 '수어 캠페인'

2020년 8월, 정부의 의대 정원 확대 등에 반대하는 대한의사협회(이하 '의협')가 파업을 강행한다고 밝혔다. 대한의과대학과 의학전문대학원학생협회(이하 '의대협')는 '덕분에 챌린지'를 패러디한, '덕분이라며 캠페인'에 또다시 '덕분에 챌린지'의 수어를 뒤집은 수어를 사용했다.

의대협은 '덕분에'라는 기호를 뒤집어 반대의 의미로 차용했다. 입장에 지지하고 동참 선언을 한 사람들이 오른손 주먹에 엄지를 편 후 엄지의 방향을 아래쪽을 향하게 하고 손등을 위로 하여 손바닥을 올린 '엉터리 수어'를 하고 사진을 찍었다. 정말이지 이상했다. 이 동작은 실제로 하기도 어렵고 불편하며 말도 안 되는 기호였다. 의대협과 의협의 입장은 둘째 쳐도 이 수어가 어떤 뜻인지 알아보지도 않고 캠페인에 적용하는 것은 수어와 수어 사용 당사자를 무시하는 행동이었다. 한국농아인협회를 비롯한 농인 당사자의 거센 비판이 이어졌다. "존경을 뒤집은 형태는 사전에는 존재하지 않으며 굳이 의미를 부여한다면 존경이라는 단어의 반대 의미를 넘어서 남을 '저주한다'와 비슷하다"라고 하며 "의대협이 미래의 이익을 지키겠다며 의협 파업에 참여하는 자체에 대해서는 상관하지 않지만, 남을 저주한다는 의미를 담은 엉터리 수어를 상징으로 사용하는 것은 '수어에 대한 모독'"이라는 성명서가 올라왔다. 농인에게 수어가 갖는 위상과 가치는 국어보다 더 높으며 그러한 농인들의 수어를, 생명을 구하는 의사가 될 의과대학생들이 잘못된 방식으로 쓴 것이라고 비판했다.

논란이 거세지자 의대협은 "'덕분이라며 챌린지'에 사용한 손 모양에 상심했을 모든 분께 사과의 말씀을 드린다. 특히 누구보다 큰 상심에 빠지셨을 농인분들께 고개 숙여 사죄드린다"라고 입장을 밝혔다. 농인 당사자를 비롯한 수어 사용자들은 수어통역 사과문 영상이 올라오길 기다렸지만 의대협은 문제의 게시물을 삭제하는 것으로 대응했다. 누군가는 의견을 피력하기 위해 이미지를 차용한 것뿐인데 뭐 그리 화를 내냐며 비꼬았다.

외국의 한 단체가 BTS가 사용하는 한글 정말 멋지고 근사하지 않냐며 이제부터 'ㅇㄱ쥬벅닳아정ㅇ'을 우리의 슬로건으로 사용하겠다는 발표를 했다고 생각해보자. 어떤 뜻도 없는 엉터리 문장이라고 한국어 사용자가 문제를 제기하자 "한글을 기호화해 차용한 것뿐인데 뭐가 문제냐", "세계적으로 잘 알려지지 않은 언어인 한글을 사용해 세계화에 일조하면 너도 좋고 나도 좋은데 왜 그렇게 예민하냐" 이런 대답을 들은 것과 마찬가지인 셈이다.

8월 14일, 전국보건의료노조는 '#덕분에 캠페인에 이어 이제는 #늘려요 캠페인을!'이라는 구호를 내세워 보건 의료 인력과 공공의료를 늘려야 한다는 메시지를 담아 '늘려요' 수어를 차용한 캠페인을 제안했다. 이전과 비교해 나아진 것은 캠페인 이미지에 수향이 더해진 것인데 가장 중요한 얼굴 표정은 어디에도 없었다. 캠페인에 참여하는 이들의 인증샷에는 멈춰진 손동작만 있었다.

수어가 기호화되어 정부를 비롯한 각 단체의 의견을 피력하는 도구로서 사용되었다. 형식과 형태는 당사자들의 문제 제기와 진정으로 나아지고 있었지만 농인과 수어에 대한 차별이 존재하는 한국 사회에서 수어가 이렇게 소비되어도 괜찮은지 의문이 들었다. 그 어디에도 농인 당사자의 얼굴은 없었다.

수어통역을 기호로 소비하지 않는 세상을 꿈꾸며

'덕분에 챌린지'의 사회적 파급력과 뉴스 화면에 간간이 보이는 수어통역을 보면서 누군가는 농인의 정보접근권이 보장되었다고 말한다. 하지만 2021년 문재인 대통령의 신년사와 신년 기자회견에는 수어통역사가 배치되지 않았다. 방송사마다 수어통역이 제공되었지만 화자 옆에 수어통역사를 세워 동등한 화면 크기로 알 권리를 보장하던 이전 정부 브리핑과 비교하면 퇴보한 결정이었다.

다시 한번 질문해보자. '덕분에 챌린지'만큼 그 언어를 사용하는 농인의 삶에 관심을 가져본 적이 있는가? 너도나도 기호로만 소비한 건 아닐까? 한국 사회는 농인 스스로가 적확한 문제 제기를 할 수 있도록 자리를 만들고 내어주었는가?

도움을 주지 말자,
권리를 주자

2016년 겨울, 박근혜 대통령 퇴진운동 촛불집회가 한창일 때였다. 나는 영화감독 및 기록 활동가가 주축이 된 본부 미디어팀에서 활동하고 있었다. 촛불 대신 카메라를 들어 연대했다. 촛불집회가 확산 및 확장되면서 휠체어, 유모차, 자전거 등의 온갖 탈것이 거리에 등장했고 농인, 시각장애인을 비롯한 장애인, 성소수자, 여성, 청소년, 노인 등의 '사회적 소수자'[23]들도 모였다. 기존의 세계에 질문을 던지기 위해 광장에 모인 만큼 모두가 동등한 정보를 제공받아야 한다는 사회적 공감대가 형성되었다. 농인의 볼 권리를 위해 무보수로 통역을 하는 수어통역사도 있었다. 그러나 실시간으로 송출되는 무대 영상에는 수어통역 영상이 삽입되지 않왔다.

미디어팀의 일원으로 본부와 소통할 수 있었던 나는 수어 사용자이자 농인 가족 당사자로서 수어통역 영상을 삽입해야 하며 어디에서나 잘 볼 수 있도록 화면의 크기 또한 커야 한다는 의견을 전달했다. 두 의견 모두 쉽게 받아들여지지 않았는데 수어통역 영상을 삽입할 수는 있지만 기술적으로 시간이 걸리며 크기를 늘리면 무대가 잘 보이지 않게 된다는 이유에서였다. 이상했다. 화면의 절반을 수어통역에 할애해달라는 것도 아니고 화면의 4분의 1도 되지 않는 크기에 통역사의 얼굴 표정이 더 잘 보일 수 있게 해달라는 것뿐인데. 게다가 청인들은 소리로 모든 정보를 전달받을 수 있지 않나? 여러 차례 의견을 전달하자 본부 측에서는 짜증을 냈다. "당신이 뭔데 그런 말을 하냐", "수어 영상 삽입해달라고 해서 했더니 이제는 크기를 논하냐며 그만 좀 하라"라고 얼굴을 찌푸렸다. 함께 요구사항을 전달했던 수어통역사와 나는 화가 났지만 당장 집회를 해야 하는 상황에서 더 큰 소란을 일으킬 수 없었다.

모두가 말했다. 중요한 건 '박근혜 퇴진'이지 이런 작고 사소한 문제가 아니라고. 해일이 오고 있는데 조개를 줍고 있느냐고. 그러나 이 광장은 박근혜 퇴진 이후 어떤 사회를 어떻게 만들어갈 것인가에 대한 사회적 상상력을 모으는 공간이었다. 어떤 제안과 의견도 받아들이고 논할 수 있어야 했다. 하지만 그때의 공간과 사람, 사회적 분위기는 그렇지 못했다. 속상했다. 촛불의 힘으로 정부를 교체해도 비장애인 중심의 사회는 바꾸지 못할 것 같아 절망스러웠다. "네가 뭔데 그런 말을 하냐"라는 말이 비수처럼 꽂혔다. 나는 농인 부모에게서 태어나 수어를 1차 언어로 사용하는 코다다. 만일 내가 수어를 사용하는 농인 당사자였다면 그는 그렇게 얘기할 수 있었을까? 바로 의견을 수용했을까? 내가 차기 대통령 후보와 같은 정치적 권력을 가지고 있는 사람이라면 내 말은 더 큰 정당성과 효용성을 가지는가? 그건 지금의 '나'와 다른 '나'인가? 의문이 들었지만 바쁘게 진행되는 상황 속에서 작게나마 수어통역 영상을 삽입해 송출하는 것에 만족해야 했다. 얼마 후, 본부 측에서 영상 크기를 키웠다고, 거칠게 말해 미안하다는 말을 전해 왔다. 그러나 여전히 영상 크기는 작았다. 당신과 내가 상상하는 미래, 만들고자 하는 세계는 다를 수도 있다는 현실적인 자각을 한 후였다.

청인에게 불편함을 주지 않는 선에서

당시 개진한 의견은 하나 더 있었다. 수어통역의 질을 높여야 한다는 것이었다. 서울을 비롯해 전국에서 동시다발적으로 열리는 집회의 수어통역은 무보수 자원활동으로 이루어졌다. 인권단체의 활동가, 수어통역사 등이 돌아가며 통역하는 형태였다. 처음부터 수어통역사가 무대 위에 섰던 건 아니다. 수어통역이 필요한 농인 당사자끼리 무리를 만들어 모였고, 친분이 있는 수어통역사가 그들 앞에서 통역했다. 무대와 가까이 앉으면 다행이었다. 하지만 멀리 앉게 되면 수어통역사를 봤다가, 고개를 돌려 무대에서 어떤 일이 벌어지는지 봤다가, 다시 수어통역사를 봐야 했다. 주최 측에서 수어통역이 필요한 이들은 따로 무대 앞에 앉을 수 있도록 조치했지만 무대 아래에는 조명이 없었다. 해가 지면 수어통역이 잘 보이지 않았고 계속해서 무대와 수어통역사를 번갈아 봐야 했다. 몇 차례의 문제 제기 끝에 수어통역사가 무대 위에 올라서게 되었다. 그러나 화자 옆이 아닌 무대 구석이었다. 조명이 가까스로 비치는 곳에서 '청인에게 불편함을 주지 않는 선'에서만 통역할 수 있었다. 무대에 수어통역사가 등장하자 비로소 청인들은 농인의 존재를 자각했다. 사람들은 박수를 보내며 환호했고 '우리는 이런 소수자의 언어를 존중하는 진보적인 사람들'이라는 자부심과 자긍심을 챙겼다.

분명히 가능한 사회

무보수 도움은 언제나 유익할까

더 큰 문제가 남아 있었다. 수어통역의 질이었다. 당시 집회 현장에서의 통역은 소수의 수어통역사가 돌아가며 자원활동을 하는 형식이었는데 통역사에 따라 수준이 천차만별이었다. 어떤 수어는 무슨 말인지 알아보기 어려울 정도였다. 그러나 수어를 아는 사람은 별로 없었고, 고로 문제 제기를 하는 이도 없었다. 통역의 질을 높여야 현장에서 어떤 일이 일어나고 있는지 더 정확하게 전달받을 수 있고, 그렇게되면 더 많은 농인이 집회에 참석하게 될 것이었지만 "통역의 질을 높이자"라고 말하는 것은 어려웠다. 수어통역이 '권리'로서 주어지지 않고 자원활동과 같은 '혜택'으로 제공되었기 때문이다. 수어통역사는 무보수로 주말을 반납하고 시간과 마음을 내어 활동했다. 한겨울에 코트와 점퍼 없이 수어통역을 하는 이들의 노고와 헌신은 격려받아 마땅했다. 그랬기에 더더욱 말하기 어려웠다. 자원활동, 자원봉사의 한계는 여기서 생긴다.

자원활동을 받는 대상은 서비스의 질에 대해 함부로 말할 수 없다. 자원활동을 하는 이와 받는 이의 위치는 처음부터 동등하지 않게 설정되기 때문이다. 자원활동의 대상이 되는 이는 '도움을 받는 이'로 설정되며 자원활동을 하는 이는 '도움을 주는 이'가 된다. 이와 같은 관계에서 '도움을 주는 이'는 시혜와 동정, 연민과 같은 마음으로 봉사하는데, 이는 '도움을 받는 이'의 '권리'가 아닌 '도움을 주는 이'의 마음과 의지에 달려 있다. '도움을 받는 이'는 '도움을 주는 이'에게 당신의 활동과 서비스가 마음에 들지 않는다고 말할 수 없다. 도움을 받는 것은 '도움을 받는 이'의 권리가 아니기 때문이다. 실제로 몇몇 농인이 수어통역의 질에 대해 질문했지만 수어통역이 자원활동과 같이 무보수 형태로 제공된다는 걸 알고 문제 제기를 하지 못했다. 수어통역사에게 직접 말하기도 어렵다. 개인의 수어통역 실력에 대한 비난으로 받아들일 가능성이 크기 때문이다.

고민 끝에 본부 측에 수어통역의 질에 대해 고민해보자는 의견을 전했지만 자원활동가에게 그런 말을 하기가 어렵다는 답변을 받았다. 집회 초기에 수어통역에 책정할 수 있는 예산이 없었는데 무보수로 수어통역을 제공하겠다며 활동가들이 찾아와 자원활동 형식으로 진행이 되었고, 집회의 크기가 커지면서 시민들이 모금한 비용으로 수당을 책정할 수 있었지만 통역사들이 이 운동에 참여하는 시민으로서 비용을 받지 않겠다고 표명한 상황이었다. 또한 집회 무대에 서는 소수의 수어통역사들이 정해져 있어, 자원활동 의사를 표명한 수어통역사가 새로 들어올 수 없는 구조였다.

기존 수어통역사에게 문제를 제기했으나 어떤 수어가 농인들에게 맞는 수어[24]인지 알 수 없다고 했다. 구화인이나 수어를 늦게 배운 청각장애인의 경우 고유한 문법과 어순이 있는 한국수어를 잘 모를 수 있고, 그 경우 음성언어의 문법과 어순을 따르는 수지한국어로 통역하는 것이 내용 전달에 용이하다고 했다. 그러나 농인은 수지한국어가 한국수어의 문법을 따르지 않고 기존 음성언어를 청인 기준으로 직역한 것뿐이라고, 이해하기 어렵다고 말한다. 수어통역사 중 몇몇은 이 집회가 대규모 집회가 되면서 수어통역사들이 자신의 얼굴을 알리기 위한 용도로 사용하고자 한다며 그런 목적으로 무대가 사용되지 않았으면 좋겠다고 했다. 논의가 감정적으로 흘렀다. 더 이상 의견을 개진하기 어려웠다. 집회가 시작되고 난 후부터 주말을 반납하고 헌신한 자원활동가들의 노고를 모르는 것도 아니었고, 집회가 커지면서 이목이 집중되는 것도 사실이었다. 논의 끝에 자원활동 형식으로 봉사하고자 하는 수어통역사들이 새로 들어올 수 있도록 공고를 냈다. 하지만 무보수인 데다 이미 수어통역사들 사이의 세력 다툼이 벌어진 터라 다른 수어통역사가 쉽게 들어오지 못했다.

수어통역을 제공받을 권리

영어, 일본어, 프랑스어 통역과 같은 다른 음성언어 통역과 다르게 수어통역의 경우 '사회의 소수자'라 불리는 농인과 같은 청각장애인을 대상으로 한다. 자연스럽게 복지 영역과 연결된다. 2015년 12월 31일, 농인의 언어인 한국수어를 고유한 공용어로 인정하고 한국수어의 보급·발전의 기반을 마련하는 '한국수화언어법'이 국회 본회의를 통과했고, 2016년 2월 3일 한국수화언어법(수화언어법)이 제정되었다. 법 개정을 통해 2월 3일을 '한국수어의날'로 제정하고, 2021년부터 공식 기념일이 되었다. 농인의 언어인 수어가 공식 공용어가 된 건 비교적 최근의 일이다. 이는 한국수어가 널리 보급되지 않았으며 공용어에 준하는 사회 전반적인 통역 및 번역 체계가 아직 미진함을 뜻한다.

수어통역사 자격시험은 1997년 민간자격 국가공인제도로서 시행되었고, 2006년부터 국가공인자격제로 전환되었다. 한국수화언어법이 제정됨에 따라 한국수어를 가르칠 교원을 양성하기 위해 한국생산성본부가 시행하는 '한국수어교육능력 검정시험'은 2020년 8월에 치러졌다. 현재 한국에 등록된 청각장애인[25]은 37만 7,094명[26]이며, 국가공인수화통역사 자격증을 취득하고 있는 수어통역사는 1,822명[27]이다. 수어통역이 필요한 인구수에 비해 자격증을 취득한 수어통역사가 많지 않기에 통역을 할 수어통역사를 구하는 것 자체가 어렵다. 또한 국가공인 민간자격 수화통역사 시험은 단일 종류의 자격증으로 전문 통역 영역이나 통역의 수준을 가늠하는 데 한계가 있다. 통역사 자격증을 갖고 있고 일상 통역을 할 수 있는 통역사라도 법률 및 의료 통역과 같은 전문적인 영역의 통역을 위해서는 그에 따른 전문 지식과 용어에 대한 추가적인 학습이 필요하다.

미국의 공인수어통역사협회[RID, Registry of Interpreters for the Deaf]는 수어통역에 대한 농인들의 수요가 급증하고 그에 따른 질 높은 수어통역의 수준이 요구되자, 전문 직업인으로서의 수어통역사를 양성하기 위해 설립된 단체다. 세분화되고 전문화된 수어통역 자격증을 관리하고 운영한다. 음성언어를 수지미국어[28]로 통역하는 수어직역사 자격증, 음성언어를 미국수어로 통역하는 수어통역사 자격증, 미국수어를 음성언어로 통역하는 음성통역사 자격증, 음성언어를 수어로, 수어를 음성언어로 통역하는 종합통역사 자격증이 있다. 법정 수어통역사 자격증, 예술 수어통역사 자격증 등 특수 분야에 따른 전문화된 통역 자격증도 있다. 한국 국가공인 수화통역사 자격시험은 2차 실기 시험에 필기통역, 음성통역, 수어통역과 같이 통역의 종류에 따른 실력을 가늠할 수 있도록 세부 분야를 나눠 실시하지만 그 수준은 높지 않다. 또한 자격증 취득 후 필수적인 보수 교육을 필요로 하나, 현재의 국가공인 수화통역사 보수 교육은 비정기적이고, 그마저도 아주 드물게 진행된다. 기간을 물리적으로 맞추기 어려운 이들의 수어 통역사 자격증은 실질적으로 정지된 상태다.[29] 이처럼 한국의 수어통역은 아직 전문화·세분화되지 않았으며 관련 종사자도 많지 않다. 수어통역의 질에 대해 문제를 제기할, 수어를 사용하는 농인 당사자는 사회적 지위가 낮아 실질적으로 의견을 전달하기 어렵다. 무엇보다 청인 중심 사회에서 그들의 의견은 '통역'을 통해 전달될 수밖에 없다는 한계를 지닌다.

장애인의 위치와 자리는 다르게 설정될 수 있다

영화 〈반짝이는 박수 소리〉가 일본에서 개봉했을 때였다. 한국의 극장 개봉 풍경과 달리, 표를 구매하는 농인 관객이 많았다. '공짜표'가 아니었다. 한국과 일본의 장애인은 같은 장애를 가졌지만 다르게 살아간다. 한국에서 장애인을 비롯한 하위 계층을 대상으로 한 복지는, 장애인증과 같은 복지 카드를 제시하면 등급에 따라 비용 감면이나 할인을 해주는 방식이다. 일본은 장애 수당을 지급한다. 자신을 증명하지 않고도 개인이 어떤 것을 구매할지 선택할 수 있다. 이는 당사자의 위치와 자리를 결정한다. 영화관 매표소 앞에서 복지카드를 내밀며 내가 진짜 장애인인지 아닌지 감별당하고 평가당하는 절차를 거친 후에 '혜택'을 받는 것과 정부로부터 장애 수당을 받아 직접 표를 사서 영화를 보는 것은 장애 당사자의 사회적 위치를 다르게 설정한다.

'혜택'을 받는 한국 농인은 수어통역이 없어 기본권을 침해당해도, 차별을 당해도, 수어통역의 질이 낮아도 문제 제기를 할 수 없다. '권리'가 아니라 '혜택'이기 때문이다. '혜택'은 당사자로 하여금 '착한 장애인'이 되기를 요구한다. 장애인이라는 이유로 할인 제공을 받거나 감면받는 것에 감사해야 한다. 서비스의 질이 낮아 무슨 말인지 잘 알아듣지 못하겠더라도 불평할 수 없다. 애초부터 '권리'를 가지지 못했기 때문이다.

농인의 언어인 수어로 정보를 제공받는 것은 농인의 알 권리이며 접근권에 해당한다. 농인, 수어통역사, 청인의 위치는 대등하고 평등하게 설정되어야 한다.

'진짜' 배리어 프리를
말해보자

2016년에 한국수화언어법이 만들어졌지만 수어통역이 제공되는 경우는 많지 않았다. 몇몇 장애인단체의 문제 제기와 투쟁으로 2019년 12월부터 정부는 정부정책브리핑에 수어통역을 제공했다. 그러나 코로나19가 급속히 퍼졌던 초기, 질병관리본부(현 질병관리청)의 코로나19 관련 정부 브리핑에는 수어통역이 없었다. 2019년 4월 강원도에 큰 산불이 나, 각 방송사가 재난방송으로 산불 소식을 집중 보도할 때 지상파 3사 어디에서도 수어통역을 제공하지 않았다. 코로나19 확산 초기, 코로나19가 어떤 병인지, 감염을 최소화하기 위해서는 어떻게 해야 하는지, 확산세가 어떤지 그 누구도 잘 알지 못할 때, 모두가 질병관리본부 브리핑에 촉각을 곤두세웠다. 농인도 마찬가지였다. 정보접근에 취약한 농인에게는 청인보다 더 많은 정보가 필요하다. 내용을 한 눈에 알아볼 수 있는 수어통역뿐 아니라 문자통역, 필요하다면 장애의 유형에 따른 추가 설명과 안내가 필요하다. 그러나 정부는 수어통역 없이 코로나19 관련 정부 브리핑을 진행했다. 장애인단체의 차별 진정이 뒤따르자, 정부는 수어통역사를 화자 옆에 세워 수어통역을 제공했다. 지금까지 방송사별로 수어통역 영상을 따로 제작해 화면 우측 하단에 삽입해 송출했던 것과 비교하면 파격적인 변화였다.

그러나 방송사 카메라는 화자 옆에 선 수어통역사를 화면에 잡지 않았다. 화자의 얼굴 반만 잡는 일도 종종 벌어졌다. 방송을 보는 농인은 수어통역이 있음에도 화면이 풀 샷에서 클로즈업 샷으로 바뀌면 내용을 파악하지 못하게 되는 웃지 못할 상황을 마주했다. 뉴스를 진행하는 아나운서 목소리가 들리다가 갑자기 화면이 바뀌면서 소리가 끊기게 되는 것과 같은 상황이 반복되었다. 방송사와 프로그램, 연출 및 촬영자에 따라 그 정도가 천차만별이라 수어통역을 제공받으려면 채널을 돌려 봐야 하는 진풍경이 벌어졌다. 농인을 포함한 수어 사용자, 장애인단체가 문제를 제기하자 수어통역사를 화자 옆에 세워야 하며 화자와 함께 같은 화면에 잡는 것이 내용 전달에 용이하다는, 수어통역에 대한 사회적 인식이

점차 형성되었다.

마스크 끼지 않은 수어통역사

화면에 수어통역사가 잡히자 사람들의 이목이 집중되었
다. 모두가 두꺼운 마스크를 착용하고 조심스레 말을 꺼낼
때 마스크를 쓰지 않고 묵묵히 제 일을 하는 수어통역사의
존재가 가시화되었다. 수어는 얼굴 표정을 보지 않으면 무슨
말인지 알 수 없는 언어다. 얼굴 표정이 의미 전달의 절반 이
상을 차지한다. 질병관리본부 정은경 본부장을 비롯한 전문
가의 진지하고 낮은 목소리와 맞물려, 수어통역사의 마스크
없는 얼굴은 재난 상황에서도 자신의 직업에 최선을 다하는
직업정신을 보여주는 이미지로 기능했다.

TV 프로그램에 제공되는 수어통역 영상의 역사는 1993
년부터 시작된다. 방송사의 수어통역 제공 현황을 살펴보자.
장애인방송 편성 및 장애인 방송 접근권 보장에 관한 고시에
따라 지상파 방송사는 장애인 방송물 제작·편성 비율을 자
막방송 100퍼센트, 화면해설방송 10퍼센트, 수어통역방송 5
퍼센트로 준수해야 한다. 전체 프로그램 중 5퍼센트의 프로
그램에만 수어통역을 제공하면 법적으로 문제가 없다. 턱 없

이 적은 양도 문제지만 더 큰 문제는 수어통역 영상의 크기와 송출 방법, 통역의 질에 대한 상세 조항이 없는 것이다. 통역 영상의 크기가 작으니 수어통역사는 말 그대로 존재감이 없었다. 농인과 수어사용 당사자, 장애인 관련 단체를 제외하고는 화면 우측 하단에 보일 듯 말 듯 작고 미미하게 존재하는 이들을 잘 알지 못했다.

수어는 물론이고 얼굴조차 잘 보이지 않던 수어통역사를 카메라가 화면에 크게 잡자 청인들은 관심을 가지기 시작했다. 코로나19 관련 정부 브리핑은 이목이 집중되는 방송이었다. 밥을 먹다가도, 출근을 하다가도, 어딘가로 바삐 걸어가다가도 전염병 소식에 귀를 기울였다. 모두가 코로나19가 어떤 병인지 알고 싶어 정부 브리핑을 빠짐없이 챙겨보았다. 게다가 질병관리본부는 일도 잘했다. 속 터지는 방송이 아닌, 명쾌한 방송이었다. 정부의 역할과 대응이 '케이방역'이라는 이름으로 찬사받았고 그들 옆에 서 있는 수어통역사 역시 박수 받았다.

진정한 의미의 '배리어 프리'

2020년 한국 사회는 '다양성'과 '장애'에 대한 관심이 가장 높았던 해가 아니었을까? 농인 부모를 두고 있는 장애 가족 당사자로서, 수어 사용자인 코다로서, 여성으로서 이전과는 확연히 다른 온도 차를 체감한다. 각종 매체에 수어통역사가 인터뷰이로 등장하고 수어에 대한 사회적 인지도도 높아졌다. 장애 관련 서적을 비롯한 장애 콘텐츠가 쏟아져 나왔고, 장애 당사자가 직접 제작하는 콘텐츠의 수도 늘어났다. 수어 사용자이자 장애 가족 당사자인 코다에 대한 관심도 높아졌다. 이는 벽을 허물기 위해 각자의 영역에서 투쟁해왔던 이들의 노고 덕분이다. 2007년부터 입법 시도되었지만 번번이 무산되었던 차별금지법은 2020년 9월 장혜영 국회의원의 '포괄적 차별금지법' 대표 발의를 시작으로 사회적 공감대를 모아가고 있다. 정부 브리핑에 수어통역사를 세우기 위해 끊임없이 차별 진정을 넣은 장애인 관련 단체, 인권 단체, 정부 각 부처 담당자, 매체, 활동가, SNS 등을 통해 의견을 제시한 시민들의 노력이 있었다.

수어통역이 있는 정부 브리핑 방송을 통해 수어통역의 중요성이 대두되고 이에 따른 사회적 인식이 형성되자 수어통역과 문자통역을 제공하는 온·오프라인 행사가 늘어났다. 코로나19에 대비한 사회적 거리두기의 장기화로 각 행사 및 포럼·콘퍼런스가 온라인화되면서 인터넷과 기기만 있으면 누구든 참석 및 참여할 수 있게 되었다. 그에 따라 정부 기관 및 단체는 수어통역 및 문자통역을 필요로 하는 이들의 참여 가능성을 염두에 두고 수어통역과 문자통역을 도입했다. 몇몇 행사들이 기술적으로 원활한 통역을 제공하는 데 성공하자 이를 롤모델 삼아 여러 기관과 단체가 수어통역과 문자통역을 제공했다.

2020년 출간된 도서의 홍보를 진행할 때, 달라진 사회적 분위기를 직접 체감할 수 있었다. 농인 및 청각장애인 독자가 참여할 수 있도록 질 높은 수어통역을 제공해보자고 무대를 세팅하고 촬영할 것을 제안하자, 주최 측에서 선뜻 그렇게 해보자며 긍정적인 반응을 보였다. 사전에 예산을 책정하지 않아 어렵다거나 물리적으로 불가능하다는 말을 들었던 이전과는 확연히 다른 모습이었다. 모두가 참여할 수 있는 행사를 만들어보겠다며 적극적으로 의견을 수렴했다. 반갑고 기뻤다. 농인, 청각장애인 관객을 왜 잠재적 독자 및 관객으로 설정해야 하는지에 대해 입 아프게 설명하고 설득할 필요가 없었다. 더 나은, 발전된 논의를 할 수 있게 된 것이다.

그러나 수어통역 영상을 삽입하고 문자통역을 제공한다고 '배리어 프리Barrier Free'가 되는 건 아니다. 동료 예술가가 수어통역사와 함께 공연했다며 동영상 하나를 올린 적이 있다. 온라인으로 진행되는 행사였는데 특성상 수어통역 및 문자통역이 제공되었다. 수어통역사와 함께한 음악 공연은 처음이었는데 통역사의 얼굴 표정이 너무나 생생해 기뻤다고 했다. 반가운 마음으로 영상을 재생했지만 공유할 수는 없었다. 수어통역이 형편없었기 때문이다. 수어를 잘 모르는 동료는 의미 있고 뜻깊은 행사라고 말했지만 이런 질 낮은 통역을 통해 음악의 느낌과 내용을 농인이 전달받을 수 있을지 의문이었다. 솔직하게 말할지 아니면 그냥 넘어갈지 고민했다. 만약 나와는 다른 의견을 수용하지 못하는 사람이라면 기분 나빠하겠지만, 그는 수어에 관심이 있고 열린 자세를 가진 동료였다. 방금 올린 영상의 통역의 질이 높지 않다고, 당신의 음악을 제대로 전달하는 좋은 통역이 아니었다고 메시지를 보냈다. 그러나 공식적으로 문제를 제기하지는 않았다. 농인 당사자가 아닌 코다, 수어통역사 자격증이 있는 이가 말하면 그건 '수어통역의 질을 높이자'가 아닌, 행사의 통역을 맡은 수어통역사 개인에 대한 비난이자 비판으로 받아들여질 가능성이 크기 때문이다. "그럼 너는 수어를 얼마나 잘하기에 그런 말을 하냐" 혹은 "너 때문에 수어통역 일자리를 잃었다" 하는 식으로 소모적인 논쟁을 하고 싶지는 않았다.

분명히 가능한 사회

이제는 수어통역의 질을 고민할 때

2016년의 나는 포기하기를 택했다. 박근혜 대통령 퇴진운동의 미디어팀 활동을 그만두었다. 수어통역의 질을 높여야 한다는 말을 꺼냈으나 통역사들 사이의 이해관계와 정치적 입장 등으로 얽히고설킨 상황이었다. 더 나은 수어통역을 위해 누구든 와서 통역할 수 있는 공간을 만들고, 더 나은 실력의 통역사를 섭외하고, 장기적으로 안정적인 통역을 제공하기 위한 비용 책정을 고민해야 한다고 말했다. 하지만 의견은 받아들여지지 않았다. 통역사들 사이에 어떤 이해관계가 있는지 모르지만 지금 가장 중요한 건 농인의 기본권이자 정보접근권이 아닌가? 더 이상 의견 개진을 할 수 없었다. 이런 비판적 의견을 주고받을 수 없는 닫힌 공간에서 활동할 수 없었다. 나 역시 상처를 받았다. "네가 뭔데"라는 말이 계속해서 맴돌았다.

그때 풀지 못했던 문제는 여전히 반복된다. 겉보기에는 '배리어 프리'지만 질 낮은 수어통역이 구색 맞추기용으로 호출된다. 청인은 박수를 보내며 평등한 세상을 만들어가고 있다고 믿지만 농인은 무슨 내용인지 알 수 없어 외면한다. 그 문제를 농인 당사자가 직접 제기할 수 있었다면 어땠을까?

그때의 한국 사회와 지금의 한국 사회는 다르다. 이전에는 통역을 무보수로 하겠으니 잘 보이는 곳에만 배치해달라는 요구를 겨우 했다면, '포괄적 차별금지법' 제정을 눈앞에 두고 있는 2021년에는 따로 이야기하지 않아도 수어통역과 문자통역이 제공된다. 관련 예산이 책정되어 있고, 수어통역사협회도 생겼다. 형식이 생겼으니 이제는 질에 대해 고민해야 할 때다.

그렇다면 농인 당사자가 직접 이야기할 수 있는 환경은 어떻게 만들 수 있을까? '닭이 먼저냐 달걀이 먼저냐' 하는 이야기를 하는 것 같지만, 농인이 의견을 개진하기 위해서는 질 높은 수어통역이 수반되어야 한다. 청인이 사용하는 음성 언어 중심으로 설계된 이 사회에서 농인이 수어라는 언어로 당신의 차별 경험과 권리를 침해당했다는 '말'을 하려면, 그 언어를 제대로 통역할 수 있는 통역사가 필요하다. 농인이 의견을 개진할 수 있는 사회적 위치에 서야 한다. 동시에 수준 높은 수어통역사가 필요하다. 그래서 이 문제는 아주 오랫동안 해결되지 않았다. 질 높은 수어통역을 제공해달라는 요구를 하기 위해서는 질 높은 수어통역이 있어야 하기 때문이다. 그렇기에 이 문제는 농인 당사자만의 사안이 아니다. 기존 청인 중심으로 설계되었던 세상을 농인 중심으로, 장애인 중심으로 설계하기 위해서는 수어를 1차 언어로 사용하는 코다, 제2의 언어인 수어를 1차 언어처럼 사용하는 청인

분명히 가능한 사회

수어통역사, 장애인 및 인권 단체 활동가, 시민들이 함께해야 한다. 농인이 직접 수어통역의 질을 논할 수 있도록, 당신의 권리를 요구하고 말할 수 있도록, 나아가 그들이 직접 의사결정을 하고 관련법을 제정하고 논의하고 제도와 정책을 집행할 수 있도록 함께 투쟁해야 한다. 이제는 농인이 당사자로서 발언할 때다.

탈시설장애인당,
'진짜' 정당이 되려면

탈시설장애인당에 반가운 마음으로 가입했다. 탈시설장애인
당은 장애인과 가난한 이들이 주축이 되어 그 누구도 배제되
지 않고 함께 사는 세상을 만들기 위해 창당된 정당으로 2021
년 서울시장 보궐선거를 겨냥해 장애인 정책의제를 선전하
는 '가짜정당'이자 '투쟁정당'이다. 이들을 보며 하라 가즈오
감독의 영화 〈레이와 시대의 반란〉(2019)이 떠올랐다.

레이와 시대의 반란

정치란 모름지기 계절별 화제가 아니라, 밥을 먹고 커피

를 마시고 산책을 하는 것처럼 일상적이며 재밌고 신나는 것이어야 한다고, 이 영화는 생각하게 만든다. 영화의 상영 시간은 248분. 그렇다. 60에 4를 곱하면 240이다. 4시간이 넘는 분량에 놀라 모두 도망가겠지만 잠깐 기다려! 하나도 지루하지 않고 엄청 재밌다. 보는 내내 계속해서 울고 웃고 소리 지르고 박수 보내게 만드는 이 영화에는 "자, 이제 쉬어가겠습니다!" 하고 요란하게 외치는 인터미션, 중간 쉬는 시간도 있다. 기록영화란 "단순히 기록하는 것이 아니라, 찍히는 쪽과 찍는 쪽이 어떤 상황을 만들어가는 것"이다. 이러한 작품론을 가지고, 하라 가즈오 감독은 본격 선거 다큐멘터리 기록영화를 찍었다.

인기배우에서 정치인으로 변신한 야마모토 다로가 2019년 7월 일본 참의원 선거를 앞두고 100일 전에 창당한 반체제 진보 정당 '레이와 신센구미'의 선거 투쟁을 다룬다. 영화는 도쿄대 교수로 재직 중인, 남성으로 태어났지만 스스로를 여성으로 규정하는 야스토미 아유미의 제안으로부터 시작한다.

"레이와 신센구미 정당의 비례대표 후보로 출마하는데요. 말을 도시로 데려와 선거운동을 할 예정인데 그 과정을 기록해주셨으면 합니다."

그의 정치적 구호는 간단하다. '아이들이 맘껏 뛰어놀 수 있는 세상을 만들자.' 말 그대로 말이 도시에 등장한다. 여기서 관객은 질문을 던지게 된다. 말을 왜 도시로 데려와서 굳이 동물을 힘들고 괴롭게 하지? 도시는 이런 동물이 살 수 있는 공간인가? 그럼 동물은 시골에만 있어야 하는 존재인가? 그렇다면 우리는 동물과 같은 다른 생명체와 공존하고 있다고 말할 수 있는가? 그가 말을 데리고 다니며 선거운동을 할 때마다 아이들은 함께 놀고 싶어 안달하며 어쩔 줄 몰라 한다. 도시의 일상적 공간에 말과 같은 동물이 등장하고 그런 동물에 반응하는 아이들을 선거의 한복판으로 초대하는 것, 아이들과 말이 있는 공간에서 '정치'를 말하고 '선거'를 논하는 것, 투표권이 없는 사람들이 선거의 중심이 되는 것. 이것이 그가 출마를 통해 하고 싶었던 일이다.

이상하고 멋진 후보를 소개합니다

이 정당의 비례대표 후보는 하나같이 이상하고 특이하다. 루게릭병으로 전신마비 중증장애인이 된 기타리스트 후나고 야스히코, 척수 손상으로 뇌성마비가 된 중증장애인 기무라 에이코, 홈리스 출신의 비정규직 파견노동을 하고 있는 싱글맘 와타나베 데루코, 환경운동가, 납북자 가족단체 활동가, IT 기업 및 금융전문가, 세븐일레븐 본사에 맞서는 편의점

점주, 문화운동가 등 '정치'라고는 한 번도 해본 적 없는, 사회의 '소수자'로 분류되는 이들이 이 정당의 비례대표 후보다. 당 대표 야마모토 다로는 이전 선거에서 당선되었던 자신의 지역구를 양보하고 비례대표 3번 후보로 출마한다. 그 자리에는 오키나와 헤노코 미군기지 건설 반대를 의제로 내건 오키나와 출신 창가학회 개혁파 노하라 요시마사 후보가 출마한다.

보기에도 심상치 않아 보이는, 요상하고 특이한 이들이 정치를 하겠다며 기자회견에서 출마 소회를 밝힌다. '정치와는 동떨어진 세계'에 살던 이들이 무대 위로 올라간다. 휠체어를 타는 비례대표 1, 2번 후보자가 무대에 서기 위해서는 휠체어를 밀 사람도, 무대와 같은 높이로 올릴 리프트 장치도 필요하다. 이들이 휠체어를 타고 무대 앞으로 등장하자 바닥에 설치되어 있던 리프트가 움직인다. 비로소 그들의 눈높이는 무대에 선 다른 이들과 같아진다.

비례대표 1번 후보 후나고 야스히코가 발언한다. 그는 기기 혹은 자원봉사자의 도움이 없이는 음성언어로 소통하기 어렵다. 자원봉사자가 일본어 철자가 적힌 판을 들고 있으면 눈동자를 움직여 글자를 하나하나 선택한다. 문장 하나가 완성되면 자원봉사자가 대독한다. 기기를 통한 방법은 이렇다. 후나고 야스히코가 입으로 무는 힘을 통해 기기에 신호를 보내 글자를 입력하고 출력 버튼을 누르면, 컴퓨터가 완성된 문장을 읽는다. 이 방식으로 그는 사고 후에도 계속해서 음악을 작곡하고 기타를 치며 뮤지션으로 활동했다.

비례대표 2번 후보 기무라 에이코는 생후 8개월 때 보행기가 넘어지는 사고를 겪고, 목 아래로는 몸을 움직일 수 없는 뇌성마비 중증장애인이다. 그는 시설에서 나와 사는 것이 너무나 어렵고 힘들었다고, 그런데 왜 나의 삶이, 우리의 삶이 그래야만 하냐고 물으며 장애인의 입장에서 정치를 하겠다고 포부를 밝힌다. 그의 입 앞에는 마이크를 대신 쥐고 있는 자원봉사자의 손이 있다.

홈리스 생활을 할 때 남자친구를 만나 두 명의 아이를 낳았는데, 정신을 차리고 보니 싱글맘이 되어 있었다는 와타나베 데루코는 선거 출마 선언을 하던 기자회견 때는 분명히 수줍은 얼굴과 목소리였는데 본 선거가 시작되자 180도로 변한다. 제대로 학교를 다녀본 적 없고 변변치 않은 형편에 선거운동을 하느라 비정규직 일자리도 그만두어야 했다는 그는 수많은 카메라와 수백 명의 사람들 앞에서 이렇게 외친다.

"이 고통을 권력으로 바꿉시다! 우리, 시민은 민주주의와 정치의 주인공입니다!"

당연한 말이지만 현실은 그렇지 않기에, 이 말을 외치는 모습이 너무나도 멋지고 대단하게 보였다.

    세븐일레븐 가맹점 노조 대표이자 점주로서 출마선언을
한 미쓰이 요시후미는 마이크를 들고 세븐일레븐 본사로 향
한다. 본사의 횡포와 갑질에 대해 비례대표로서 알리고 시정
하겠다고 말한다. 계란으로 바위 치기 같은 이 형국이 4시간
의 상영 시간 동안 계속해서 반복된다.

    '무한도전' 같아 보이는, 정말이지 무모한 도전을 하는 평
범한 시민들, '비시민非市民'으로 규정되었던 이들이 삶과 정
치의 주도권을 쥐겠다며 선언하고 행동하는 모습은 유쾌하
고 재밌다 못해 감동적이었다. 그들의 말과 선언, 공약의 내
용이 옳고 당연하여, 이들이 정치를 하고자 하는 이유가 적
확하고 확실하여 영화를 보는 내내 울었다. 평소에 쥐어본
적 없는 마이크를 떨리는 손으로 잡아내고, 자원봉사자의 손
을 빌려 대신 잡고, 기술과 기기의 도움을 받아 음성언어로
변환해 "정치를 하고 싶다"라고 말해내는 순간, '아름다움'이
라는 것이 섬광처럼 그들을 비춘다.

하나의 '정상성'에 질문하는,
시끄럽고 아름다운 선거운동 이야기

    이 영화의 묘미는 선거를 하겠다며 나선 다양한 사람들의

얼굴과 몸을 마주하는 데 있다. 선거철만 되면 등장하는 선거 포스터를 떠올려보자. 정당의 색깔에 맞춘 바람막이 혹은 깔끔한 정장을 차려 입고 신뢰감을 주는 표정으로 카메라를 바라보는 정치인의 모습, 하나같이 말끔한 '정상적'인 이미지들의 나열이다. 그러나 이 영화에서 정치를 하겠다며 나선 예비 정치인들은 '정상성'에 질문을 던진다. 선거운동 내내 수어통역사는 화자 옆에 서서 무대 위에서 벌어지는 모든 일을 수어로 통역한다. 말을 도시로 데려오자는 후보의 선거운동에는 가는 곳마다 도로를 점거한 말과 경찰의 대치 상황이 벌어진다. 거리예술가들이 악기를 들고 노래를 부르며 행진하면 그 뒤로 유모차를 끈 부모와 아이들이 뒤따른다. 소리를 지르며 휘젓고 다니는 아이들을 시끄럽다며 자리에 앉히지 않고 그대로 놀게 놔둔다. 그래서 후보자의 선거 공약을 잘 들을 수 없는 일도 일어나지만 그래도 괜찮다. 아이들은 아이들의 방식으로 선거를 접하며 정치에 참여하고 있으니까.

비례대표 1, 2번 후보의 중증장애인 동료와 친구들도 거리로 나선다. 전동휠체어와 수동휠체어를 타고 무대를 점거한다. 아주 느리고 천천히 말한다. 의사소통법은 장애 특성에 따라 각양각색이다. 한 뇌성마비 장애인은 몸의 방향을 움직이는 방식으로 소통하는데 자원봉사자가 그를 껴안고 있으면 미세하게 움직이는 방향과 정도를 바꾼다. 자원봉사자가 해당하는 일본어 철자를 읊으면 몸으로 미세한 신호를 주거나 동작을 멈추는 것으로 의사 표현을 한다. 철자 하나하나를 모아 문장을 완성한다. 몸과 몸이 안아 글자를 전달하고 받아내는 소통방식, 누군가는 느려터지고 복잡하고 불편하다고 하겠지만 그건 또 하나의 소통방식일 뿐이라는 걸, 각자의 몸과 마음, 정신에 맞는 언어(말)가 존재한다는 걸 이 영화는 담담하게 보여준다. 감독은 말한다.

"'말'은 유용한 도구이지만 아이디어, 감정뿐 아니라 단어 소리의 힘과 아름다움을 전달하기도 합니다. 이 영화에서는 말의 힘에 집중했습니다."

탈시설장애인당을 '진짜' 정당으로

레이와 신센구미 정당은 일왕이 바뀔 때마다 새롭게 부여되는 연호 '레이와'(2021년은 레이와 3년이다)와 과거 도쿠가와 막부를 수호하기 위해 맞서 싸운 무력집단 '신센구미'의 조합이다. 그래서 영화의 결말이 어땠냐고? 정말 보기 좋은 승리였다. 더 크게 승리했더라면 정말 유쾌하고 통쾌했겠지만 이 결말로도 만족했다. 중증장애인인 두 명의 비례대표가 양복을 입고 넥타이를 매고 국회에 들어가는 모습이 얼마나 멋지고 근사한 줄 아는가? 정치를 하겠다며 휠체어를 타고 거리에 나섰을 때는 주목하지 않던 언론이 소감 한마디 해달라며 휠체어가 내려오는 차 앞에 서서 대기하고 있는 그 모습이 얼마나 이상하고 웃기던지! 선출된 비례대표 두 명과 함께 레이와 신센구미는 공식 정당이 된다. 그들은 지지 않았다. 후나고 의원은 장애인을 대하는 방법을 바꾸는 데 일조하겠다며 국회로 입성하고, 기무라 의원은 참의원 국토교통위원회에서 당사자의 입장에서 본 배리어 프리의 중요성에 대해 말하고 질의한다. 일본 국회는 이들의 활동을 위해 참의원 본회의장에 대형 휠체어가 자리 잡을 수 있는 공간을 만들고 턱을 없애는 공사를 한다.

2021년 2월 10일, 서울장애인차별철폐연대가 장애인 이동권 예산을 누락한 서울시를 규탄하며 서울 지하철 4호선 열차를 타고 내리는 투쟁 시위를 했다. 이에 서울교통공사는 "장애인 단체의 시위로 인해 4호선 열차 운행이 지연되고 있다"라며 그 책임을 이들에게 돌렸다. 그러나 2017년 서울시는 "2022년까지 서울 시내 모든 지하철 역사에 엘리베이터를 설치하겠다"라고 약속했지만 이에 따른 예산을 책정하지 않았다.

앞서 언급한 탈시설장애인당은 전국장애인차별철폐연대가 주축이 되어 창당한 가짜 정당이며, "'누구도 배제되지 않

는 서울시'를 위한 2021년 서울시장 보궐선거 장애인 정책
11대 요구안" 중 하나로 장애인의 이동권 보장을 들고 있다.
이 정당의 중심은 그동안 철저히 배제되고 '비시민'으로 규
정되었던 장애인이다. 당사자가 직접 그들이 원하는 정책을
제시하고 요구한다. 그리하여 탈시설장애인당은 존재 그 자
체로 의미를 가진다.

이 정당이 가짜 정당이 아니라 진짜 정당이었으면 좋겠다.
탈시설장애인당이 장애인을 위한 공약을 내걸고 국회에 들
어가 장애인 중심의 세상을 만들어내기를 바란다. 영화 〈레
이와 시대의 반란〉에 등장하는 이상하고 요상한 사람들이
끝내 표를 얻어 국회에 입성하고 문턱을 없애는 공사를 하여
이동할 권리를 국회까지 확장해낸 것처럼, 탈시설장애인당
도 '진짜' 정당이 되어 국회로 입성하는 세상을 꿈꾼다. 레이
와 시대의 반란처럼 탈시설장애인당의 반란 역시 가능할 것
이라 믿는다.[30] [31]

5부

숫자로 환산되고 환원되는 가치가 아닌,
개인의 순간을 구원하고 사회에 질문을 던지는 예술.
생과 삶을 조금 다르게 바라보게 하는 일.
그로 인한 사회적 움직임과 변화.
그것이 아티비스트의 일이자 운동이자 예술이다.
나를 아티비스트로 명명하며 다시 한번 시도해보고자 한다.
중요한 건 결과가 아니라 과정에 있다고, 경험하고 시도해보는 것
자체가 가장 큰 가치일지도 모른다고 굳게 믿으며.

각자의
방식으로
모험하며
살아간다

두 번째 영화,
찍을 수 있을까

2018년 제71회 프랑스 칸국제영화제에서 여성 영화인 82명
이 레드카펫 위에서 침묵시위를 했다. 82명, 지금까지 칸국
제영화제에 초청되어 레드카펫에 오른 여성 감독의 수다.
영화제가 시작된 1946년부터 2018년까지 71년간 남성 감독
이 연출한 1,668편의 영화가 공식 초청되는 동안 82편의 여
성 감독의 영화가 초청되었다. 71명의 남성이 황금종려상을
받는 동안 2명의 여성이 그 상을 받았다. 심사위원장을 맡았
던 여성은 단 12명뿐이었다. 2018년 황금종려상 후보에 오
른 여성 감독은 21명 가운데 3명이었다. 배우이자 연극 연출
가인 케이트 블란쳇은 영화계에 존재하는 성차별과 성 불평
등 문제를 환기하고, 카메라 앞뒤에 있는 우리 모두가 남성

동료와 어깨를 나란히 하기를 바란다고 말했다. 동일노동 동일임금, 현실세계를 반영한 다양성과 공평함이 확보된 작업환경을 요구했다. 한국은 어떨까? 1965년 처음 개최된 백상예술대상의 영화부문 감독상을 받은 여성은 2012년 〈화차〉(2012)를 연출한 변영주 감독과 2020년 〈벌새〉(2018)를 만든 김보라 감독, 단 2명뿐이다.

여성 영화의 현 위치

　영화진흥위원회가 발간한 「2018년 한국영화산업 결산」의 한국영화 성인지 통계에 따르면, 2018년 총 제작비 10억 원 이상 또는 최대 스크린 수 100개 이상의 상업 영화 77편 중, 여성 감독이 만든 영화는 10편(13%)이다. 같은 해, 극장 개봉한 영화 194편 중 여성 감독의 영화는 27편(13.9%)이다. 여성 감독이 만든 영화가 실질적으로 극장에 걸리기 어렵고, 제작비가 큰 상업 영화의 경우 문턱이 더 높음을 뜻한다. 영화제에 초청 및 상영된 미개봉영화와 실질개봉영화의 감독 성비를 비교해보면 독립·예술 영화에서도 남성 감독의 영화가 극장 개봉의 기회를 더 많이 가져가고 있음을 볼 수 있다. 2018년 부산국제영화제에 공식 초청된 한국장편영화(회고

전 제외) 31편 중 여성 감독 영화는 12편(37.7%)이고, 남성 감독 영화는 19편(61.3%)이다. 2018년 서울독립영화제에 공식 초청된 한국 장편영화(기획전, 회고전 제외) 27편 중 여성 감독 영화는 12편(44.4%)이고 남성 감독 영화는 15편(55.6%)이다. 영화제에 초청된 작품 중 여성 감독이 연출한 영화가 차지하는 비율은 해마다 기록을 경신하지만 극장 개봉까지 이어지는 영화는 많지 않다. 이는 남성에게 영화산업의 자본 및 네트워크(제작비 및 배급력)가 집중되어 있다[32]는 걸 뜻한다.

앨리슨 버틀러Alison Butler의 책 『여성영화: 경계를 가로지르는 스크린』(2011)[33]에서는 영화의 생산과 수요에서 여성이 먼저인 영화, 사회적 위치로부터 내면 심리에 이르기까지 여성을 경험의 공통분모로 본 영화를 '여성 영화'라고 말한다. 다양한 여성 영화, 여성 서사 중심의 영화, 여성주의 시선으로 나를 둘러싼 세계를 바라보는 영화들이 등장하면서 어떤 영화를 '여성 영화'라고 부를 것인지, 어떻게 분류할 것인지에 대한 논의가 활발해지고 있다.

벡델 테스트Bechdel Test는 영화 산업에 있어서의 성차별, 특히 여성이 적게 나타나는 현상을 지적하기 위해 고안된 테스트로, 1985년 미국의 만화가 앨리슨 벡델Alison Bechdel이 30년 가까이 신문에 연재한 만화 〈경계해야 할 레즈비언Dykes to watch out for〉에서 처음 등장했다. 테스트를 통과하기 위한 최소 요건은 세 가지다. 첫째, 이름을 가진 여성 캐릭터를 최소 두 명 포함할 것. 둘째, 서로 이야기를 나눌 것. 셋째, 남성 캐릭터에 대한 것 이외에 다른 대화를 나눌 것. 아주 당연하고 쉬운 수준의 테스트다. 실제 우리가 살아가는 세상에는 두 명 이상의 여성이 존재하고, 서로 이야기를 나누고, 남성 이외의 수많은 화제를 논하니까. 그러나 2018년 순제작비 30억 이상의 실사영화 39편 가운데 벡델 테스트를 통과한 한국 영화는 10편으로, 25.6퍼센트에 그치는 수준이었다.[34] 벡델 테스트를 통과했다고 해서 무조건 '여성 영화'로 분류되는 것은 아니다. 벡델 테스트는 성차별에 이르지 않는 최소 충분조건이며, 테스트의 조건을 충족했다는 것은 이 작품이 성평등한 영화의 조건을 갖추었다는 뜻이다. 이는 현재의 영화 산업, 특히 제작비가 많고 큰 규모로 배급되는 영화들이 얼마나 성차별적이고 불평등한지를 보여준다.

두 번째 영화, 찍을 수 있을까

2018년 10월에 열린 제23회 부산국제영화제에서는 여성 감독과 여성 영화의 약진이 두드러졌다. 다큐멘터리 영화를 소개하는 와이드앵글 다큐멘터리 경쟁 부문에서는 세 명의 한국 여성 감독의 작품이 소개되었고, 극영화 부문에서도 여성 감독의 영화가 거의 절반을 차지했다.

영화제 기간 동안 '새로운 여성 다큐멘터리 감독의 등장'이라는 이름으로 주목받고 있는 신진 감독들의 대담 프로그램이 열렸다. 나를 포함한 다섯 명의 여성 감독과 여성 프로듀서가 함께한 대담의 쟁점은 여성이 만드는 영화들이 사적인 것으로 치부되는 경향과 여성 창작자로서의 지속 가능성이었다. 여성으로서 영화를 만든다는 건 어떤 의미인지, 첫 장편영화의 소재를 나 혹은 가족의 이야기로 선택한 이유는 무엇인지, 이런 영화는 왜 '여성이 만든 사적인 영화'로 불리며 작고 사소하게 여겨지는지, 왜 '여성 감독'의 작업은 '여성영화'라는 이름으로만 분류되고 더 이상 깊게 혹은 넓게 논의되지 않는 것인지, 이런 종류의 대담 자리에서 여성 감독은 왜 늘 새롭게 혹은 급부상하는 존재로만 호명되는지, 왜 언제나 신인의 등장만 반복되고, 이 일을 계속하는 '중견 여성 감독'에 대한 담론은 생산되지 않는지, 생산되더라도 왜 아주 드물게 생산되는지에 대한 논의가 오갔다.

대담에 참여한 감독의 영화는 '여성 영화' 혹은 '사적 영화'라는 이름으로 분류하기 어려울 정도로 다양한 소재와 스타일을 망라했다. 한국의 교육 시스템에서 살아남기 위해 고군분투하는 동생과 엄마의 이야기를, 어린 시절 과학 영재라 불렸던 감독의 시선으로 바라본 구윤주 감독의 〈디어 마이 지니어스〉(2018), 감독 자신과 엄마, 외할머니로 이어지는 기억의 파편을 통해 가족사의 단면을 돌아보는 명소희 감독의 〈방문〉(2018), 1980년대 소규모 건설업을 통해 중산층 대열에 합류하지만 IMF 외환위기 이후 투자 실패로 거품처럼 사라진 가족의 이야기를 다룬 마민지 감독의 〈버블 패밀리〉(2017), 장애가 있는 행위예술가 친구를 기록하며 자신의 마음을 들여다본 한혜성 감독의 〈내가 모른 척한 것〉(2018), 베트남전쟁 당시 한국군에 의한 민간인 학살에 대한 서로 다른 기억을 다룬 〈기억의 전쟁〉(2018)까지. 여성 감독이 여성주의 시선을 기반으로 나를 둘러싼 가족과 친구를 통해 세상을 바라보기 시작했음을 알 수 있었다.

여성 신진 감독의 약진이 돋보인다고 한다. 실제로 여성 창작자의 작업은 해가 갈수록 늘고 있고 국내외 영화제에서 상영되거나 극장 개봉하는 경우도 늘고 있다. 여성이 만들고 여성이 등장하고 여성이 배급하는 영화를 더욱더 밀어주고 소비해야 한다며 목소리를 높이고 지갑을 여는 관객들도 늘어나고 있다. 그러나 현실은 여전히 어렵다. 여성 중심의 콘텐츠를 만들고 소비하는 생태계를 구축하겠다며 야심 차게 론칭한 플랫폼 서비스 사업이 경영상의 이유로 하나둘씩 문을 닫는다. 이를 악물고 영화를 완성해도, 여성이 만들고 여성이 제작하고 여성이 등장하고 여성이 배급하는 영화를 만들어내도, 관람하기조차 어려운 기울어진 운동장은 어떻게 뒤집어야 할까?

CGV, 메가박스, 롯데시네마와 같은 멀티플렉스 영화관의 배급 구조를 뚫지 못하면 흥행하기 어려울뿐더러 관객들을 만나는 것조차 쉽지 않다. 대기업이 운영하는 멀티플렉스가 극장가를 독점한 지 오래다. 멀티플렉스 극장에서 상영되는 영화는 대개 대기업이 투자하고 만들고 배급한다. 이런 상황에서 독립·예술 영화를 찾아보는 일은 너무나 번거롭고 어려운 일이 되었다. 멀티플렉스 극장이 상영 회차를 내어주더라도 아주 이른 새벽 상영이거나 영화를 다 보고 나면 차가 끊기는 늦은 밤 상영이다. 그마저도 멀티플렉스 극장 안에 독립·예술 영화 전용관이 있을 때만 가능하다. 얼마 되지 않는 독립·예술 영화 극장들은 운영이 어려워 조금씩 문을 닫는다. 코로나19가 닥치면서 그 속도는 가속화되었다. 사회공헌을 목적으로 독립·예술 영화를 발굴하고 배급 및 상영해왔던 KT&G 상상마당은 코로나19로 인한 경영 악화를 이유로 영화사업팀을 사실상 해체했다. CGV 아트하우스는 투자사업을 정리하며 독립·예술 영화 전용관 중 몇 곳을 폐관했다. 독립·예술 영화를 만드는 창작자들은, 그중에서도 여성 창작자는 어떻게 관객을 만나야 할까?

희망 혹은 역차별 논란에 질문을 던지며

2020년 12월, 영화진흥위원회는 재능 있는 여성 영화 인력 유입과 한국영화산업의 성별 유지를 위해 '성평등 지수 정책'을 도입했다. 한국영화산업 내 핵심 창작인력에서 과소 대표된 여성 인력과 여성 주도 서사의 비율을 늘려 성별 균형을 유지하고, 한국영화산업의 성별 다양성을 확보하자는 것이다. 또한 영화산업 내에서 경력을 지속해나가지 못했던 재능 있는 여성 영화 인력을 적극적으로 유입해 참신성과 창조성을 확대하고자 했다. 이에 따르면 여성 작가, 여성 서사(제1여주연)일 경우 5점의 가산점이 주어지며 독립·예술 영화 제작지원에서도 여성 감독, 여성 프로듀서, 여성 작가, 여성 서사로 구성될 경우 최대 5점의 가산점을 받게 된다. 1990년대 중반부터 좋은 평가를 받는 여성 감독이 때때로 등장했음에도 지난 30년간 전체 상황은 그리 달라지지 않았다. 특히 지난 10년간 영화학과의 여학생이 50퍼센트를 꾸준히 넘었고, 여성 관객도 50퍼센트 이상이었음을 고려해볼 때 10퍼센트를 겨우 넘는 여성 감독 비율은 매우 문제적[35]이다. 성평등 지수 정책은 그러한 현 상황을 개선하고자 하는 정책인 것이다.

그러나 이 정책이 '역차별'이라는 비판이 제기되었고, 재검토를 요청하는 청원이 청와대 국민청원 게시판에 올라왔다. 특정 성별이 주인공인 서사를 인위적으로 유도한다면 다양한 연령과 성별, 인종을 자유롭게 표현하는 작품은 만들어지기 어려울 것이며, 작품 자체만으로 평가해야 할 국가기관 시나리오 심사에서 여성이라는 이유로 점수에 차등을 준다는 것은 공정성과 거리가 멀다는 내용이었다. 청원을 제기한 이는 정책에 여성을 존중하기보다는 여성이 쓴 작품이 남성이 쓴 작품보다 불리한 평가를 받을 거라는 왜곡된 성인식이 내재되어 있다고 강조했다.[36]

세계에서 가장 성평등한 국가 중 하나인 스웨덴에서도 영화산업의 성평등 정책을 수립하고 시행할 때 역차별이라는 반발이 있었다. 2011년 극장 개봉한 스웨덴 영화 중 여성 감독이 연출한 영화는 30퍼센트였고, 2013년에는 7퍼센트로 급감했다. 2014년 최다 관객을 모은 5위 내 영화가 전부 남성 감독의 영화였으며, 가장 수익을 많이 낸 10위 내 영화 중 여성 감독의 영화는 1편이었다. 이에 정부 산하기관인 스웨덴 영화협회Svenska Filminstitutet는 상세하고 정확한 데이터를 수집해 통계를 발표했다. 여성 감독에 대한 고정관념을 나열하고 그것이 얼마나 편견에 근거하고 있는지를 설득력 있게 반박한 것이다. 변화를 위해 무엇이 필요한지 알리는 캠페인도 벌였다. 스톡홀름영화제를 통해 첫 번째, 두 번째 장편 영화를 만든 여성 감독을 대상으로 수여하는 상을 제정해 경력을 지속할 수 있도록 격려했다. 또한 스웨덴영화협회의 제작 지원에서 핵심 여성 창작자의 성비를 2015년까지 50 대 50으로 만들겠다는 목표를 세웠고, 목표보다 더 빨리 2014년 제작기금 지원에서 50 대 50을 이뤄냈다. 성평등 정책을 도입한 이후 여성 감독들이 베를린이나 칸, 선댄스 같은 유수의 영화제에서 수상하기 시작했다. 2014년 세계 주요 국제영화제에서 수상한 스웨덴 여성 감독의 비율은 60퍼센트에 도달했다.[37]

누군가는 왜 '두 번째' 영화냐고 묻는다. 첫 번째 영화는 어떻게든 만들 수 있다. 이를 악물고, 전세금을 빼고, 크라우드 펀딩을 통해, 가족과 지인을 비롯한 사적 네트워크를 총동원해 해볼 수 있다. 문제는 두 번째, 세 번째 영화다. 어떻게든 영화를 만들겠다고 결심하더라도 여성 감독으로서, 여성 중심 서사를 가진 영화에, 여성주의 시선을 가진 영화는 투자를 받기 어렵다. 인고의 노력 끝에 영화를 완성하더라도 극장 개봉은 물론이고 거대 자본이 독식·독점하고 있는 현 상황에서 관객을 만날 길은 요원하다.

우리는 세 번째 영화를, 네 번째 영화를 찍을 수 있을까? 우리는 여성 감독으로서, 여성 영화인으로서 어떻게 지속 가능한 창작을 할 수 있을까? 이 고민과 질문은 나만의 것이어야 할까? 네덜란드필름아카데미에서 배운 피드백 기술 중에 '열린 질문'이 있다. 닫힌 질문은 어떤 특정한 방향으로만 답을 안내하는 폐쇄적인 역할을 하는데 열린 질문은 상상력과 가능성을 제시한다. '찍을 수 있을까'라는 닫힌 질문에는 '네', '아니요' 같은 단답형 답만 낼 수 있다. 따라서 질문에 대답을 하기보다는 열린 질문으로 바꾸어본다. 두 번째, 세 번째 영화, 다음 영화, 어떻게 찍을 수 있을까?

그는 왜 그렇게
말했던 걸까

한 영화제에서 심사위원으로 일했을 때의 일이다. 몇 주 내내 영화를 보며 1차 선정 목록을 만들었고, 예심 회의에 참가했다. 사무국에는 다른 심사위원, 영화제 프로그램팀 코디네이터, 프로그래머가 있었는데 영화제 집행위원장과 부집행위원장도 있었다. 아는 사이라 안부를 주고받았고, 상대는 무슨 일로 왔는지 물었다. 예심 심사 때문에 왔다고 하자 그는 의외라는 표정으로 웃으며 말했다.

"개고생하시겠네요."

각자의 방식으로 모험하며 살아간다

'소정의 금액'을 구체화하기

영화제의 예심은 말 그대로 출품된 영화를 보고 영화제에 상영될 영화를 추려 목록을 만드는 일이다. 상영작을 고르는 무척 중요하고 영예로운 일이지만 정말이지 고된 노동이다. 영화는 시간을 기반으로 하는 미디어$^{\text{Time-Based Media}}$이며 지속성^{Duration}을 가진 미디어다. 시간의 흐름에 따라 경험하는 매체로, 1시간 분량의 지속성을 가진 영화는 같은 시간인 1시간을 들여 감상해야 한다. 50분이나 40분 만에 볼 수는 없다. 라디오 프로그램, 팟캐스트도 마찬가지다. '속독' 같은 '속청'을 할 수 없다. 물론 기술이 발전해 빠르게 재생하거나 건너뛰며 감상할 수 있지만 영화를 만드는 사람으로서 하고 싶지도 않고 권하고 싶지도 않다.

유튜브 시대가 도래하며 나의 영화를 줄거리 형태로 요약해놓은 코멘터리 비디오$^{\text{Commentary Video}}$로 봤다는 이들을 종종 만난다. 할 말이 없다. 그건 영화를 본 것이 아니다. 누군가가 편집한 원작과 다른 줄거리를 본 것이다. 단편 영화 부문 예심위원 섭외 메일이 왔을 때 고심했다. 본심에 오를 작품을 선정하려면 예심에 출품된 영화를 전부 봐야 할 텐데 물리적으로 그만큼의 시간을 낼 수 있을지 자신할 수 없었다. 출품된 작품 수의 러닝타임을 전부 디해 시간으로 나누니 몇 주는 꼬박 투자해야 했다. 코로나19 시대에 자택에서 할 수 있는 편한 일이기도 했지만 많은 노동 시간을 요했고 단가가 높지 않았다. 단편 영화 부문이라 장편 영화보다는 노동 강도가 덜하겠지 싶었지만, 이 영화제에는 중편 부문이 없고 70분 미만의 모든 작품을 단편으로 분류하고 있었다. 거기에는 50분이나 60분 정도 되는 중편 분량의 작품도 포함되었다. 심사 대상 작품은 조금 더 늘어날 수도 있다고 했다.

영화제에서 상영되는 영화를 선정하는 중요한 일이었다. 영화를 처음 만드는 누군가에게는 계속 영화를 만들어도 된다는 메시지가 될 수도 있었다. 고민 끝에 심사비를 조정할 수 있는지 물었다. 비용 조정 요청을 하는 것에 대해 누군가는 폼과 품위가 떨어지는 일이라 생각하겠지만 나는 자신의 노동가치에 대한 적절한 비용을 말하고 협상하는 일이라 생각한다. 어떤 조건에서 어떻게 일할 것인지를 결정하고 협의하는 일, 이는 일의 능률과 만족도, 성취와도 연결된다. 동시에 이 일을 하는 현재의 동료와 앞으로 하게 될 미래의 동료를 위한 것이기도 하다. 프리랜서 형태로 일을 하는 예술가에게는 일을 의뢰하는 연락이 종종 온다. 많은 사람들이 '소정의 금액'을 드릴 수 있다며 금액을 정확하게 밝히지 않는다. 이는 일의 능률을 떨어뜨리는데 왜냐하면 '소정의 금액'이 얼마인지 다시 한번 묻는 메일을 보내야 하기 때문이다.

누군가는 예술을 하기에 돈 이야기를 하는 것이 이상하고 이치에 맞지 않다고 하지만 예술가도 노동자다. 연봉이 얼마나 되는지 알지 못한 채로는 입사를 결정하지 못하는 것처럼 예술가도 이 일이 어떤 일인지, 나의 개인 프로젝트와 연결되는 일인지, 연결되지 않는다면 생계비를 벌 수 있는지 확인한 후에야 어느 정도 선에서 어떻게 일할 것인지를 결정할 수 있다. 일을 할지 말지를 결정하기 위해서 '소정의 금액'이라 불리는 비용을 알아야 한다.

영화제의 심사위원이 된다는 것의 의미

영화제 측과 원만하게 협의를 한 후 최선을 다해 예심을 봤다. 출품된 영화를 처음부터 끝까지 감상했다. 앞부분이 지루하더라도 끝에 예상하지 못한 무언가가 있을 수 있으니 최대한 집중하려 노력했다. 정말이지 어려운 일이었다. 종종 픽션Fiction 영역에 해당하는, 출품 규정을 미처 확인하지 못한 작품들이 나타날 때면 더 힘들어졌다.

고생길이 훤한 이 일을 선뜻 하겠다고 한 것은 '자리' 때문이었다. 내가 힘들다는 이유로, 본심이 아닌 예심위원이라 폼이 살지 않는다는 이유로, 겸손해야 한다는 이유로 제안을 거절한다면 누가 이 일을 하게 될지 모른다는 생각에서였다. 단편 영화 부문의 심사는 장편 영화 못지않게 중요하다. 단편 영화가 한국에서는 영화를 처음 만들거나 입문하는 이들이 주로 시도하는 포맷이기 때문이다. 최근 들어 유튜브, 넷플릭스와 같은 OTT^Over The Top 서비스가 등장하면서 단편 영화를 시리즈로 제작하는 경향이 두드러졌고, TV 매체에서도 단편 영화를 시리즈물로 기획해 상영한다. 극장과 홈시어터의 경계가 사라지고 있는 지금은 단편 영화로 커리어를 쌓고 추후 장편 영화로 '입봉'을 하는 공식이 흔들리고 있다. 하지만 여전히 많은 사람들이 단편 영화를 입문용, 장편 영화를 다음 단계의 것이라 생각한다. 실제로 심사를 본 대다수의 단편 영화는 이제 막 영화를 만들기 시작한 감독의 작품이었다.

이들에게는 영화제 출품이, 영화제에서 자신의 영화를 상영하는 것이 무척 중요하다. 내가 그랬다. 열아홉 살에 처음 만든 다큐멘터리 영화 〈로드스쿨러〉(2008)가 2008년 대한민국청소년미디어대전에서 상영되었을 때, 청소년 심사위원이 선정한 관객상을 받았을 때, 서울국제여성영화제라는 국제영화제에서 상영되었을 때를 기억한다. 관객을 만나 피드백을 주고받자 영화를 계속해도 되겠다는 안도감을 느꼈다. 제작 과정뿐 아니라 배급 과정이 주는 재미를 알게 되었다. A라는 메시지를 전하기 위해 영화를 만들었지만 관객은 B 혹은 C를 읽으며 각자의 감상과 의견을 더했고 추후 D라는 담론까지 만들어지는 것을 보며 이것이 영화라는 창작물이 만들어낼 수 있는 사회적 변화라는 걸 깨달았다. 그 길로 영화를 더 배우고 싶어 대학에 진학했고 지금까지도 영화를 만든다. 영화제를 통해 관객을 만난 경험이 나를 이끌었다.

자신의 영화가 영화제에서 상영되는 경험은 소중하고 중요하다. 관객으로서도 마찬가지다. 다큐멘터리 영화나 독립·예술 영화는 극장에서 개봉하기 어려워 볼 기회가 별로 없는데 영화제를 통해서는 가능하다. 특히 외국에서 제작되고 상영되는 영화를 만남으로써 어떤 담론과 경향이 만들어지고 있는지 파악할 수 있다. 감독으로서, 또 한 명의 관객으로서 중요하고 필요한 목소리를 담은 영화들이 영화제에서 상영될 수 있도록 하기 위해 열과 성의를 다해 성심껏 임했다.

나의 노동에 대해 말하기

심사가 끝난 후, 영화제에서 예심을 통과해 본심에 오른 작품 목록을 공개했다. 기뻤다. 지지하고 응원하는 영화에 힘을 실어줄 수 있어서, 그 영화들이 영화제를 통해 공개되어 관객을 만날 수 있어서 행복했다. 그러나 그 이디에도 예심위원의 이름은 없었다. 이상했다. 선정작 소식을 공유하며 다가오는 영화제에서 꼭 챙겨보라고 말하고 싶은데, 그 어디에도 심사위원의 이름이 없었다. 내가 한 노동에 대한 크레디트가 제대로 명기되지 않았다. 얼마 후, 영화제 측은 본심위원의 사진과 이름을 크게 노출하며 홍보했다. 그때도 예심위원 소개는 없었다. 내가 한 일이 '고생'이 아니라 '개고생'이었기 때문에 내 수고는 어디에서도 치하해주지 않는 것일까? 지금 이 의심이 '개고생'이라는 말을 들었기 때문에 그런 것인지, 예심위원의 이름을 어디에도 명기하지 않아 생긴 것인지 알 수 없었다.

고민 끝에 노동의 가치를 제대로 인정받지 못하고 있다는 결론을 냈고, 메일을 보내 문제를 제기했다. 작품 선정 소식과 함께 예심위원의 이름이 명기되었다면 좋았을 거라며 예심위원 역시 본심위원을 소개했던 것과 같이 제대로 소개해달라고 요청했다. 어떤 일을 누가 했는지 제대로 표기하는 문제였다. 영화제 측은 추후 홈페이지 심사위원란에 올릴 예정이었지만 의견을 수렴해 적당한 시기에 예심위원 목록을 공개하겠다고 답했다. 얼마 지나지 않아, 홍보물이 올라왔다. 나의 노동에 대해 말을 할 수 있는 자리가 생겼다. 해당 게시물을 공유하며 예심위원을 맡아 얼마나 사랑스럽고 아름다운 작품을 만났는지, 중요한 일을 맡아 영광스럽고 감사하다는 말을 전했다. 내가 만난 작품들을 기쁘게 언급하고 추천하며 작품들을 위한 자리를 만들었다.

그는 왜 그렇게 말했던 걸까

그러나 '개고생'이라는 표현이 남아 있었다. 왜 그는 그렇게 말했던 걸까? 예심위원을 맡게 되었다고 하니 지인 중 하나는 본심위원을 하지 왜 고생만 하는 예심위원을 하느냐고 수고가 많다고 했다. 나도 안다. 힘든 일인 거. 그러나 영화제를 대표하는 중요한 역할을 하는 자리에 있는 당신이 할 말은 아니다. 예심 심사는 고된 일이지만 출품된 상영작을 위한 일이며 더 좋은 영화를 상영하는 영화제를 만드는 일이다. 본심위원보다 덜 주목받고 덜 영예스러운 일이지만 30대 여성인 내가 더 많은 여성의 목소리를, 소수자의 경험을, 그들의 삶과 가치를 말하고 짚어내며 작품을 고르는 중요한 일이기도 하다. 우리 사이에 살갑게 말한 것 가지고 왜 그러냐는 표정을 짓고 있는 그 앞에서 표정을 구겼다. 정적이 흘렀다. 당황해 어떤 말도 생각나지 않았다. 심상치 않은 분위기를 파악한 누군가 회의하러 가자며 잡아끌었다. 시기적절하게 대처하지 못했다는 생각이 뒤늦게 들었다. 화가 났다. 그는 내가 후배라고 생각해서 편하게 얘기했던 걸까? 내가 조금 더 나이가 많았더라면 조금 더 권위가 있었더라면 그렇게 말할 수 있었을까? 내가 30대 여성이라서 그랬던 건 아닐까? 정말로 웃자고 하는 소리였을까? 의심과 의혹이 솟구쳤다. 나는 왜 이렇게 예민하고 민감하며 그는 그렇지 않을까? 그냥 웃자고 넘길 수도 있는데 왜 나는 아무 일도 하지 못하고 씩씩대고 있을까? 왜 바로 받아치지 못했을까? 적합하고 명료한 언어로 "OOO 님도 개고생하시겠네요"라고 되받아치지 못했을까? 의심의 화살이 나에게 쏠렸다. 나는 지금까지 의심하고 있는데 왜 그는 아닌 걸까?

몇 달을 이불 속에서 발차기만 했다. 그런 말을 들었을 때 제대로 '미러링'을 하면서 받아쳤어야 했는데, 실전 연습이 부족했다. 몇 달 후, 영화제에서 그를 만났다. 그는 안 그래도 할 말이 있다며 인사했다. 이야기를 전해 들었다며 그런 맥락으로 말한 건 아닌데 기분이 나빴다면 사과하겠다고 했다. 나는 안 그래도 직접 말씀드릴 생각이었다며 왜 기분이 나빴는지 설명했다. 그는 고개를 끄덕였고 사과했다. 어쩌면 그는 나의 노동과 지위를 무시하기 위해 '개고생'이라는 말을 쓴 것이 아닌지도 모른다. 당신과 내가 친하다고 생각해서, 우리 사이가 그보다는 가깝다고 생각해 가볍게 인사를 건넨 것인지도. 그러나 당신과 나 사이에 존재하는 나이와 젠더,

지위에 따른 위계질서가 있는 이상 당신의 말과 나의 그것은 같은 의미와 무게를 지니지 않는다. 나의 질문과 문제 제기가 말을 들었던 직후가 아니라 이불 속 발차기를 수십 차례 한 후에야 이뤄진 것은 현실을 방증한다. 말을 들은 내가 기분 나빠하며 농담인지 정말로 나를 무시하려는 것이었는지 오래도록 의심할 때 그는 왜 그렇지 않았을까? 내가 이불 속 발차기를 할 때 그는 왜 두 다리를 쭉 뻗고 편하게 잘 수 있을까? 이 차이는 어디서 오는가?

의심과 추측을 꺼내어 씨앗을 만들자

이런 일은 비일비재하게 일어난다. 언어를 가지지 못해, 바로 미러링하지 못하는 일들이 벌어진다. 그럼에도 계속해서 기회를 잡아내야 한다. 심사를 보는 자리는 더더욱 그렇다. 심사를 하는 행위는 지지하는 작품을 골라 상을 주거나 선발해 치하하는 일이다. 동시에 작품을 소개하고 사람들에게 추천하는 일이다. 스웨덴영화협회는 첫 번째, 두 번째 장편 영화를 만든 여성 감독들 중 빼어난 작품을 만든 감독에게 상을 주며 경력을 지속할 수 있도록 격려한다. 심사를 하는 우리의 노동은 이 판의 동료를 만들고 확장한다. 그러므로 심사위원 위촉 제안이 오면 겸손함은 잠시 덜어두자. 기회를 어떻게 하면 더 많이 잡아내고 이용하고 확장할 수 있을지 고민하자. 내가 응원하는 이들이 그들의 이야기를 어떻게 더 잘해나갈 수 있을지, 그 목소리들이 어떻게 더 커질 수 있을지 생각해보자. '그는 왜 그렇게 말했던 걸까'를 고민하며 허공에 발차기를 하기보다 의심을 꺼내놓고 이야기해보자. 의심과 추측이 모여 확신이 될 수 있고 문제 제기를 할 수 있는 씨앗이 되기도 한다. 적합하고 적절한 방식으로 사과를 받을 수 있는 힘이 되기도 한다. 이제는 그런 이상한 말이 한 치의 의심도 없이 안부 인사가 되고 우스갯소리가 되는 일들을 없애자. 그런 표현으로 너와 나의 거리를 좁히고자 하는 일은 이제 없어져야 한다.

각자의 방식으로 모험하며 살아간다

시도하고, 시도하고,
또 시도하고

"안녕하세요? 저는 현재 「아티비스트^{Artivist}의 출현, 작은 것들의 도시와 만드는 사람들」이라는 주제로 연구를 진행하고 있습니다. 첫 번째 인터뷰 대상으로 이길보라 감독님을 떠올렸는데요. 누구보다 가장 이 연구에 적합한 인물이라 생각합니다."

아티비스트는 예술가^{Artist}이자 활동가^{Activist}, 두 개의 정체성을 가지고 연대, 활동, 작업을 하는 이를 일컫는 말이다. 스스로를 아티비스트로 명명하며 동시대의 아티비스트 연구를 진행하는 김문경은 학생운동과 시민사회 단체가 사라진 자리에 개인들이 새롭게 자리하고 있고 이들을 주축으로 한 다양하고 새로운 방식의 활동이 등장하고 있다고 신난한다.

2010년대 주요 담론, 특히 도시운동과 페미니즘 운동 두 진영에서 밀레니얼 세대를 중심으로 한 아티비스트의 존재가 두드러진다고 말이다.

메일을 받고 무릎을 쳤다. 나의 정체성을 명명할 수 있는 적합한 단어였다. 언젠가 함께 영화 작업을 했던 프로듀서는 내가 51퍼센트의 활동가 정체성과 49퍼센트의 예술가 정체성을 갖고 작업에 임하는 것 같다고 했다. 나 역시 스스로를 그렇게 인지하고 호명했다. 영화감독, 작가라는 타이틀을 쓰긴 하지만 그것으로 충분하지 않아 '예술가'라고 적거나 '글과 영화라는 매체를 통해 이야기를 하는 사람'이라고 말하곤 했다. 돌이켜보면, 열일곱 살 때도 그랬다. 당시 나의 장래희망은 다큐멘터리 영화를 만드는 프로듀서이자 NGO 활동가였다. 누군가는 다른 분류에 속하는 두 가지의 직업군이라고 했지만 나의 관점에서 그 두 개의 일은 같은 것이었다. 분쟁지역에서 NGO라는 기구를 기반으로 이야기를 전하는 활동가와 다큐멘터리 영화를 통해 이야기를 전하는 프로듀서. 그런 영화와 프로그램을 만들고 싶다고 하자 진로·진학 담당 선생님은 지금부터 내신을 잘 관리해 'SKY 대학'에 진학하라고 했다. 스펙 관리를 열심히 하고 관련 자격증을 따 언론고시를 준비해야 하며 이후 엄청난 경쟁률을 뚫고 방송국에 입사하면 조연출 생활을 몇 년은 해야 하는데 이 모든 역경

각자의 방식으로 모험하며 살아간다

과 고난을 거치면 원하는 다큐멘터리 프로그램을 연출할 수 있을 것이라 조언했다. 이상했다. 내가 되고 싶은 건 프로듀서라는 명함을 가진 사람도 아니고, 크고 유명한 NGO 단체에 입사하는 것도 아닌데. 그곳의 이야기를 잘 전하는 것이 자 좋은 영화를 만드는 것인데. 김문경은 "이길보라는 열입곱 살에 꿈꾸던 일을 정확하게 글과 영화라는 매체를 통해, 이야기를 통해 활동으로 만들어나가고 있다"라고 했다. 그와의 인터뷰는 나의 작업과 활동을 돌아보게 했다.

시도와 경험으로서의 예술 작업

나의 작업과 방식, 작업자로서의 태도와 자세를 돌아볼 수 있었던 건 네덜란드에서의 석사 과정 유학에서였다. 당시 나의 화두는 '예술가로서의 삶의 지속 가능성'이었다. 학사 졸업 작품으로 장편 영화를 제작해 국내외 영화제에서 상영 및 수상했고 한국과 일본에서 극장 개봉을 했다. 여러 권의 책을 출간해 글을 통해 독자들과 만나는 경험도 해보았다. 그런데 이렇게 계속하면 되는 것인지 의문이 들었다. 뉴스에서는 연신 생활고로 사각지대에 처한 예술가의 모습이 보도되고 있었다. 막막했다. 내가 말하는 '지속 가능성'이 정확히 어떤 것인지도 알 수 없었다. 경제적인 측면의 지속 가능성인지 예술 작업에 대한 예술가로서의 태도와 자세를 말하는 것인지. 지금 생각해보면 두 가지 모두를 뜻하는 것이었지만 내가 무엇을 찾고 있는지조차 가늠하기 어려운 때였다. 질문을 가지고 네덜란드필름아카데미의 영화를 통한 예술적 연구Artistic Research in and Through Cinema 석사 과정으로 유학을 떠났다. 장학금이 필요해 국내외 장학금을 백방으로 찾아보았다. 하지만 순수예술이 아닌 다큐멘터리 영화를 전공하는 석사 과정 학생을 위해 장학금 제도를 운영하는 곳은 국내에 단 한 곳도 없었다. 이상했다.

사회에 질문을 던지는 예술가가 질문을 가지고 또 다른 시도를 하고자 한다면 적극적으로 응원하고 지지하는 것이 사회여야 하지 않나? 순수예술이 아닌 영화 전공의 네덜란드 석사 과정 학생은 지원조차 할 수 없는 국내 장학금 제도에 문제 제기를 하고 싶었다. '이길보라의 예술가로서의 지속 가능성을 찾아 떠나는 크라우드 펀딩 장학금'을 모집했다. 텀블벅과 같은 크라우드 펀딩 사이트가 아닌 SNS를 통해 소박하게 시작한 프로젝트였다. 반응이 없다면 질문을 던졌으니 그걸로 되었다고 생각하려 했다. 그러나 "하늘을 좀 더 쳐다보며 공부하고 싶다"라는 리워드도 없는 이 크라우드 펀딩에 많은 이들이 익명과 실명으로 후원금을 보내주었다. 리워드는 향후 내가 만들 영화와 책으로 사회에 환원하겠다는 내용이었다.

그렇게 떠난 네덜란드 유학에서 기존 작업을 돌아보고 예술가로서의 작업에 대한 인식과 자세를 갖추는 시간을 가졌다. 영화를 통한 예술적 연구 과정은 10명의 구성원이 '영화'를 도구로 각자의 연구를 해나가는 연구과정 중심의 석사 과정이었다. 쉽게 말하면 어떤 영화를 만들어내는 것이 목표가 아닌, 영화를 통해 자신의 연구 질문에 대한 답을 찾아나가는 코스였다. 그렇기에 이 석사 과정의 목표는 졸업영화를 만드는 것에 있지 않았다. 자신의 연구 질문에 대한 다각도의 시도와 그 과정을 계속해서 공유하는 것, 각자의 주관성을 바탕으로 피드백을 주고받는 것, 이 모든 과정을 거울 삼아 자신의 연구를 발전시켜나가는 것에 있었다. 멋지고 대단한 걸 단번에 만들어내는 것이 목적이 아니었다. 결과물을 만드는 것은 학교 밖에서 충분히 혼자 할 수 있는 것이며 그렇다면 이 교육 과정이 굳이 필요하지 않다는 것이었다.

2년 과정의 연구 중심 석사 과정에서 나는 연구 질문을 보다 구체적으로 설정하고 질문에 대한 답을 찾기 위한 여러 가지 시도를 했다. 시시때때로 이루어지는 중간 발표를 통해 다양한 관점의 피드백을 받았다. 단순하게 이런 점이 좋았고 별로였다고 말하는 1차원적 피드백이 아닌, 각자의 다양성을 기반으로 하는 의견이었다. 가령 "스위스-이탈리아 국경에서 자라 미술을 전공한 나의 관점에서 보라의 지금 시도는 이런 가능성과 한계가 있는 것 같다", "네 가지 언어와 문화 사이에서 자라 극영화를 하는 나의 관점에서 보라가 지금 한계에 부딪힌 것 같은데 이런 방식으로 풀어보면 좋을 것 같다"와 같은 각자의 주관성을 기반으로 한 피드백이었다.

이 연구 중심 석사 과정의 콘셉트를 이해하고 몸으로 받아들이는 데에 오랜 시간이 걸렸다. 성과 중심 사회에서 자라고 훈련받은 나는 결과물만을 공유하는 것에 익숙했기 때문이다. 완성된 영화를 보여주고 관객을 만나고, 완성된 책을 보여주고 독자를 만나 북토크를 하고, 일방적으로 이야기를 전달하는 강의와 강연 형식으로 이야기를 전하는 것, 완성된 결과물 형태의 예술작업을 보고 읽고 들으며 몇 가지 코멘트를 한 후 다음 제작 단계로 넘어가는 것이 기존 작업 방식이었다. 그러나 이 연구 과정은 학교라는 공간에서 우리가 해야 하는 건 성과 중심 사회에서 할 수 없거나 하기 어려운 시도와 도전, 경험이라고 말한다. 각자의 연구 질문을 공유하고 질문하고 시도하고 피드백함으로서 새로운 시각과 논의를 이끌어내는 것이 결과물을 만들어내는 것보다 더 중요한 가치라는 낯선 명제와 질문을 던진다. 영화를 통한 예술적 연구 과정은 어떤 놀랍고 새로운 방식의 연구 방법론이 아니

각자의 방식으로 모험하며 살아간다

라 예술작업을 대하는 예술가 각자의 태도와 자세라고 할 수 있다.

2년간의 코스를 밟으며 결과보다 과정이 더 중요함을, 시도와 도전이 더 값진 것임을 깨달았다. 각자가 가진 다양성과 주관성이 예술작업의 가장 기본 토양임을 말이다. 그간 해왔던 작업을 돌아보았다. 생각해보면 나의 작업에는 늘 질문이 존재했다. '〈반짝이는 박수 소리〉라는 영화를 만들자'가 목표가 아니었다. '어떻게 하면 농인의 세상과 청인의 세상을 이을 수 있을까?' '청인에게 어떻게 반짝이는 세상을 소개하고 반짝이는 박수 소리로 환영하고 환대할 수 있을까?' 이러한 생각이 기획의도이자 연구 질문이었다. 단순히 영화를 기획해 제작하고 상영하고 개봉하는 것이 목표가 아니었다. 나는 영화를 도구 삼아 농사회와 청사회를 잇기 위한 시도를 했다.

2014년 제15회 서울국제여성영화제에서는 제작 중인 영화 프로젝트를 소개하고 제작 투자를 이끌어내는 '피치&캐치'라는 프로그램을 진행했다. 그곳에서 준비 중이던 영화 〈반짝이는 박수 소리〉 프로젝트를 선보였다. 엄마, 아빠를 초대했다. 청인 관객과 심사위원이 있는 곳에서 "지금 이 자리에 수어를 사용하는 저희 부모님이 와 계십니다. 이들도 여러분의 박수 소리를 보고 느낄 수 있도록 두 팔을 들고 양손을 돌리며 반짝이는 박수 물결을 만들어주시길 바랍니다"라고 말하며 모두의 박수를 이끌어냈다. 이는 사전 섭외한 수어통역사에 의해 수어로 통역되었다. 제작비를 마련하기 위한 피칭 무대였으며 펀딩 과정이었지만 나는 이 과정을 한 편의 퍼포먼스로 만들었고 촬영했으며 본 영화에 삽입했다. 영화를 만드는 과정 자체가 하나의 이벤트가 되고 영화의 부분이 된 것이다. '청인 중심 사회에 농인이 등장했을 때 우리는 이 시간과 공간을 어떻게 평등하게 만들어갈 것인가?'라는 질문을 영화 제작 과정을 매개로 제시한 것이다.

이처럼 어떤 대작 혹은 걸작을 만드는 것보다 영화 제작 및 상영을 통한 시도, 그를 통한 사회적 변화가 내게는 훨씬 중요했다. 영화 〈반짝이는 박수 소리〉는 한국 최초로 수어통역 영상을 삽입한 버전과 전체 한국어 자막, 영어 자막이 있는 버전으로 극장 개봉했고, 참여 관객에 따라 여러 가지 방식의 행사를 기획했다. 수어를 사용하는 농인 관객이 있을 경우 감독과 함께하는 GV^{Guest Visiting} 자리에 수어통역사를 섭외했다. 문자통역이 필요한 청각장애인 관객의 경우 극장 스크린에 문자통역 창을 투사해 모두가 대화 내용을 파악할 수 있도록 했다. 극장, 배급 담당자 및 공동체 상영 코디네이터와 협업해 진행했다. 영화라는 콘텐츠를 통해 농인과 코다의 세계를 소개할 뿐 아니라 영화 상영 후 부대 행사에 여러 장치를 추가해 영화의 막이 올라간 후에도 농인과 코다가 이 사회에서 청인과 함께 살아가고 있음을 보여주었다.

일본에서 영화 〈반짝이는 박수 소리〉를 개봉하고 무대 인사를 할 때에는 소통 언어가 총 네 가지였다. 한국수어를 사용하는 영화의 주인공인 부모님, 한국음성언어를 사용하는 감독, 일본음성언어를 사용하는 일본 청인 관객, 일본수어를 사용하는 일본 농인 관객. 네 가지 문화와 언어가 혼재된 상황에서 영화 배급, 극장 관계자는 네 명의 통역사와 카메라, 스크린을 이용해 네 가지 언어가 양방향으로 어려움 없이 소통할 수 있도록 했다. 무대인사 행사에 참여한 관객은 영화뿐 아니라 영화 바깥에서 벌어진 이 문턱 없는 소통에 큰 감명을 받았다고, 이렇게 통역사와 장치를 배치하면 자유롭게 소통할 수 있다는 걸 경험했다고 말했다. 영화를 단순히 보여주는 데 그치는 것이 아니라 영화 바깥에서 현재를 살아가고 있는 이들과 어떻게 접속하고 만날 수 있을지 영화를 도구 삼아 보여주는 것이 내가 하고자 했던 일이며 동시에 해왔던 일이었다.

유학 전에는 알지 못했다. 영화를 배급하며 이런 다양한 상영 조건을 만들어보고 시도해보는 것, 영화 상영이 끝난 후에도 GV를 통해 현장의 농인과 청인을 잇는 시도를 하는 것이 영화를 만들고 상영하는 것만큼 중요하다고 생각했지만 그걸 제대로 설명하고 표현할 수 없었다. 한국 사회는 이 영화를 그저 누적관객 5,654명이 든 독립 영화 〈반짝이는 박수 소리〉로 인식하고 불렀기 때문이다. 중요한 건 숫자가 아닌, 영화가 상영되는 방식과 시도였다고, 영화를 본 후 극장 관계자와 관객들이 함께 만들어낸 변화였다고 한참 시간이 지나서야 깨달을 수 있었다. 한국 사회에 '농인'과 '청인'이라는 개념이 확산되고 그 사이의 존재 '코다' 역시 가시화되었던 것이 이 영화가 만들어낸 변화와 움직임이었다고 말이다.

시도와 도전, 경험이 가능한 사회적 조건

영화를 만들고 책을 쓰기 위해 카메라를 들고 글을 썼던 것이 아니라 특정한 질문을 가지고 영화와 글을 도구 삼아 답을 찾아나갔다. 영화로 하지 못했던 이야기를 글로 써보고 싶어 책을 출간했고, 책을 도구 삼아 사람들을 만나며 변화를 이끌어냈다. 나의 작업이 누적관객 몇 명, 판매부수 몇 권이라는 숫자로 수식되어 성공작 혹은 실패작으로 명명되는 것이 아닌, 예술가로서의 질문에 대한 답을 찾는 과정임을 인식했다.

누군가 물었다. 네덜란드여서 가능했던 것 아니냐고. 아니다. 생각해보면 결과보다 과정을 중시하고, 시도를 계속해서 돌아봤던 교육 과정이 한국 사회에도 있었다. 열아홉 살에 다니던, 일주일에 한 번 모여 각자 쓴 한 편의 글을 가지고 돌아가며 합평했던 '창의적 글쓰기'(이후 '어딘글방'이 되었다) 과정이 그랬다. 그 수업에서 가장 중요했던 건 꾸준히 참석하고 서로의 글을 사려 깊게 합평하고 경청하고 다시 글을 써 오는 것이었다. 최종 결과물이 없었다. 누가 글을 잘 쓰는지 못 쓰는지 중요하지 않았다. 누가 대작을 썼는지 글을 대단히 망쳤는지 역시 중요하지 않았다. 때에 따라 창피하거나 우쭐해지긴 했지만 계속해서 자기 질문에 대한 답을 '글'이라는 도구를 통해 꾸준히 찾아나가는 것이 가장 중요했다.

네덜란드에서 했던 건 완전히 새로운 연구도 작업도 아니었다. 한국에서 했던 일련의 작업과 태도를 돌아보고 재평가한 것이었고, 그것이 발견이자 예술가로서의 지속 가능성에 대한 답이었다. 나의 영화가 관객 수가 적어 실패한 영화가 아니라는 걸, 상업 영화가 아닌 독립 영화라 작고 하찮은 것이 아니라는 걸, 거대담론이 아닌 가족을 다룬 영화라 사소한 것이 아니라는 걸 지구 반대편에 가서야 깨달았다. 나는 예술가로서 질문에 대한 답을 찾아가는 시도를 해나가고 있는 중이라는 걸 알게 되었다. 이렇게 생각하면 '성공'과 '실패'는 더 이상 중요하지 않다. 어차피 모두가 '해나가고 있는 중'이기 때문이다. 연구도 그렇다. 가설을 세우고 변수를 바꿔 계속해서 실험을 한다. 무수한 실패를 거쳐 어쩌다 한 번 성공하면 가설은 입증된다. 예술가의 작업도 마찬가지다. 인간의 생 역시 그럴지도 모르겠다. 우리는 질문에 대한 답을 찾기 위해 혹은 명확하지 않은 질문 자체를 찾기 위해 수많은 시도와 도전을 한다. 작은 성공을 하기도 하고 여러 차례의 큰 실패를 겪기도 한다. 경험을 중간발표 형태로 공유하기도 하고 그러지 않기도 한다. 이때, 실패하는 경험은 매우 중요하다. 실패가 두려워 시도하지 않으면 아무것도 하지 못하게 되기 때문이다.

우리 모두는 각자의 질문과 그에 따른 답을 찾기 위해 다양한 방식으로 시도하고 경험하고 도전하고 모험하는 중이다. 그렇다면 지금 우리에게 필요한 건 여러 차례의 시도를 할 수 있도록 적극적으로 지지하고 응원해주는 사회가 아닐까? 한국 사회는 사회 구성원이 생애주기에 따라 시도와 도전을 할 수 있도록 지지하고 있을까? 결과만을 강조하는 시장 경쟁의 가치에 입각해 '성공'만을 강요하고 있는 건 아닐까? 특정한 가치만이 중요하다고 말하고 요구하고 있는 건 아닐까?

가치의 중심을 바꾸는 것

영화를 통한 예술적 연구 과정에서 가장 중요한 건 6주마다 구성원 전원과 함께 코스 자체를 돌아보는 피드백 세션이었다. 그 시간과 공간에서 우리는 멈추어 서로의 안부를 물었다. 누군가 어려움에 처하면 이렇게 물었다.

"네게 지금 필요한 것이 뭐야?"

시도와 도전, 경험을 가능하게 했던 건 그런 안전망, 다양한 시도를 할 수 있도록 지원하는 시스템과 인적·물적 자원이었다.

석사 과정의 마지막 시험, 네 번째 학기 시험에는 새로운 평가 항목이 추가되었다. 연구원 스스로가 설정하는 평가 기준 항목이었다. 자신의 연구와 시도를 비판적으로 돌아보는 글과 영상을 만들었는지, 발표는 충분히 비판적이며 창의적이고 전달력이 있었는지, 발표 후의 면접에서 자신의 위치를 잘 설명하고 반영할 수 있었는지 등의 기존 평가 항목에 리서처 자신이 자신의 연구 단계와 위치에 따라 항목 하나를 자율적으로 추가할 수 있었다. 주관식이었다. 추가 항목의 내용과 방향, 성격을 마음대로 정할 수 있었다. 네덜란드필름아카데미에서도 처음 하는 시도라고 했다. 시험 평가 항목은 외부로부터 만들어지는데 각자의 연구 성격과 상황, 리서

처의 개별성에 따라 주관적인 항목이 필요하다는 것이었다. 6주마다 실시되는 피드백 세션에서의 문제 제기에 따른 해결 방안이었으며 시도였다. 연구 평가의 주체와 결정권은 시험 위원회에 있지만 동시에 나에게도 있음을 뜻했다. 연구원 개인 혹은 연구 주제의 주관성과 개별성을 반영하는 혁신적 시도였다.

아티비스트 김문경은 영화와 글과 같은 예술작업을 통해 사회적 변화를 이끌어내는 것에 중점을 두는 아티비스트들의 작업과 운동이 재조명되어야 한다고 했다. 방점을 어디에 찍을 것인가, 중점을 어디에 둘 것인가에 대한 이야기다. 숫자로 환산되고 환원되는 가치가 아닌, 개인의 순간을 구원하고 사회에 질문을 던지는 예술. 생과 삶을 조금 다르게 바라보게 하는 일. 그로 인한 사회적 움직임과 변화. 그것이 아티비스트의 일이자 운동이자 예술이다. 나를 아티비스트로 명명하며 다시 한번 시도해보고자 한다. 중요한 건 결과가 아니라 과정에 있다고, 경험하고 시도해보는 것 자체가 가장 큰 가치일지도 모른다고 굳게 믿으며.

쓰고 그리고 찍고
노래하고 춤추며

2017년 제14회 한국대중음악상에서 가수이자 영화감독, 일러스트레이터, 작가인 이랑이 최우수 포크 노래상 부문 수상자로 선정되었다.

"친구가 돈, 명예, 재미 세 가지 중 두 가지 이상 충족되지 않으면 가지 말라고 했는데 시상식이 재미도 없고 상금도 없어요. 명예는 정말 감사합니다. 지난 달 수입이 42만 원인데요. 음원 수입이 아니라 전체 수입입니다. 이번 달에는 고맙게도 96만 원입니다. 상금이 없어 여기서 트로피를 팔아야겠습니다."

이랑은 메탈릭한 디자인의 큐브형 소품이라며 즉석에서 경매를 벌였다. 시작 금액은 50만 원, 거주하는 집의 월세 금액이었다. 트로피를 현장에서 거래한 수상 퍼포먼스는 많은 곳에서 회자되었다. 고등학교를 자퇴하고 어려서부터 프리랜서로 일하며 자립했던 랑은 저작권자에게는 수입이 적게 돌아가는 국내 음원 유통 구조와 예술가의 수입 구조에 질문을 던졌다. 사람들은 멋지다며 박수를 보냈지만 어떤 이는 명예로운 일에 그렇게 대응하면 안 된다고 비판했다. 누가 뭐라 하건, 랑은 자신만의 방식으로 길을 만든다. 이제는 금융예술인으로 스스로를 호명하며 보험 설계 일을 통해 사람들을 만나기도 한다. 이 일이 또 다른 길을 열고 있다고 말하며 만날 수 없는 혹은 만나기 어려워 보이는 두 단어, 금융과 예술을 조합한다. '금융예술인으로서 자립하기'라는 예술가로서의 새로운 가능성을 제시한다.

솔직하고 부지런한 감탄, 이슬아

각자의 방식대로 사는, 아니 길을 만드는 친구 목록에서 슬아를 빼놓을 수 없다. 슬아는 2018년 《일간 이슬아》로 '아무도 안 청탁했지만 쓴다 날마다 뭐라도 써서 보낸다'라는 슬로건으로 스스로에게 연재를 청탁했다. 등단해야만 작가가 되는 시스템에 균열을 냈다. 국내 최초로 작가가 독자에게 이메일로 직접 글을 보내주고 구독료를 받는 메일링 시스템을 도입했다. 구독료 1만 원을 내면 한 달에 20편의 글을 받아보는 식이다. 시도는 대성공이었고 이후 많은 작가들이 메일링을 통한 연재 서비스를 시작했다. 문예지와 출판사를 통해 '출판'이라는 형태로 독자를 만나는 것이 아니라 독자와 직거래를 한 것이다.

1인 출판사를 차렸고, 연재한 글을 모아 『일간 이슬아 수필집』(2018)을 펴냈다. 엄마와 딸의 이야기를 담은 그림 에세이 『나는 울 때마다 엄마 얼굴이 된다』(2018)도 문학동네에서 동시에 출간했다. 슬아가 대표인 헤엄 출판사에서 나온 책 5종은 지금까지 10만 부 가까이 팔렸고, 쓰는 일은 물론이고 출판사 대표이자 예술가, 인플루언서로서 활발한 활동을 이어가고 있다. 2020년 10월에 출간된 『부지런한 사랑』(2020)은 글쓰기 교사로 일하며 부지런히 쓰고 사랑했던 순간들에 대해 쓴 책이다. '나'를 중심으로 삼았던 글쓰기가 타인과 세계로 확장될 때, 글쓰기와 그에 대한 사랑은 얼마나 큰 가능성을 지니는지 볼 수 있다.

슬아는 다른 사람들의 글을 꼬박꼬박 챙기는 성실한 매니저이자 글방지기였다. 어딘(김현아 작가)이 여는 글쓰기 수업 어딘글방에서 우리는 일주일에 한 번씩 모여 글을 썼다. 어딘이 수업 말미에 글의 소재를 제시하면 일주일간 '글 쓰기

싫다'와 '글 쓰고 싶다'의 상태를 수없이 오간 후 내용과 형식이 자유로운 글 한 편을 써 왔다. 각자의 글에 대해 돌아가며 합평하고 논의할 지점이 생기면 뜨겁게 토론했다. 돌아가며 글방지기를 맡았는데, 오랫동안 글방지기였던 슬아는 모임이 원활하게 이루어질 수 있도록 갖은 노력을 다했다. 글방지기로서 구성원이 글을 써올 수 있도록 독려하고 격려했다. 동시에 자신의 글을 빼먹지 않고 써야 했는데 이는 모두가 글을 써 오지 않는 최악의 상황에도 누군가의 글을 합평할 수 있어야 했기 때문이었다. 간혹 글방에 글이 한 편도 없는 날도 있었다. 그런 날에는 호되게 혼이 나고 수업을 취소했다. 그래서 슬아는 매일같이 사람들을 격려했다. 글을 쓰지 못한 날에는 다급하게 문자를 보냈다. "보라, 혹시 글 썼니?" 충실하고 성실한 매니저였다. 다른 사람들을 꾸준히 챙겨낸다는 점에서 더욱 그랬다.

구성원 모두 서로의 글에 대해 성실하게 비평하려고 노력하지만 그러지 못할 때도 있었다. 글이 너무 마음에 들지 않거나, 비윤리적이라고 생각되거나, 옳다고 생각하는 가치와 상충할 때면 정말이지 비평할 마음이 사라졌다. 그럴 때면 입을 다물거나 비평이 아닌 비판을 했다. 슬아는 글방지기로서, 동료로서, 친구로서 그런 실수까지 보완했다. 글이 가진 잠재력과 가능성에 대해 말하며 앞으로 해볼 시도에 힘을

각자의 방식으로 모험하며 살아간다

불어넣었다. 앞으로 작가가 될지도 모르는, 글을 쓰며 살지도 모르는 누군가가 비평에 겁을 먹고 다시는 글쓰기와 멀어지는 일을 막았다. 누구보다 성실하고 꾸준하고 사려 깊었던 슬아는 열아홉 살 때는 재능에 관해 자주 생각했지만 서른 살인 지금은 더 이상 재능에 대해 생각하지 않는다고, "써야 할 이야기와 쓸 수 있는 체력과 다시 쓸 수 있는 끈기에 희망을 느낀다"[38]라고 말한다. 매일 마감할 수 있기에 어제 실패한 글을 오늘 혹은 내일의 내가 만회할 수 있을 거라고 말하며 남에 대해 끊임없이 감탄하고 자신에 대해 끝없이 절망한다. 생각해보면 슬아는 정말이지 감탄을 잘하는 친구이자 감탄하는 일을 주저하지 않는 사람이었다. 솔직하고 부지런한 감탄이 지금의 슬아를 만들었다고, 나는 믿는다.

다른 몸의 언어를 제시하는 이다울

2020년 10월 대이야기 시대의 문이 열렸다. 아니, 그런 시대와 문은 존재하지 않았지만 우리의 스승인 어딘이 대이야기 시대가 열렸음을 선포했다. 슬아는 그럼 문을 열되 빼꼼 열어보는 건 어떠냐며 우스갯소리로 말했다. 어딘글방에서 함께 글을 쓰고 공부했던 이슬아와 이다울, 이길보라의 책이 비슷한 시기에 출간되었다. 이슬아는 '몸과 마음을 탐구하는 이슬아 글방'이라는 부제로 『부지런한 사랑』(2020)을, 이다 울은 병명 없는 통증을 안고 몸과 삶에 대해 이야기한 『천장의 무늬』(2020)를, 나는 예술가로서의 지속 가능성에 대해 질문하며 네덜란드로 석사 유학을 떠난 경험을 기록한 『해보지 않으면 알 수 없어서』(2020)를 펴냈다. 이슬아, 이다울, 이길보라에게 큰 영향을 주었고 세 작가의 책에 등장하기도 하는 어딘은 '대이야기 시대의 문을 열며'라는 이름으로 행사를 열자고 제안했다. 제목이 너무 크고 거창해 조금 작게 줄여보자는 말에도 어딘은 굽힘이 없었다. 그렇게 우리는 얼떨결에 대이야기 시대의 문을 열게 되었다.

우리들의 스승 어딘과 끝내주는 친구 양다솔이 사회를 맡은 행사의 주최는 'UD엔터테인먼트'였다. 어딘이 기획하고, 이길보라가 기획 실무를 맡고, 이다울이 포스터를 디자인하고, 이슬아가 참가 신청을 받고 장소를 섭외한, 아무도 만들어주지 않아 직접 만든 가내수공업 형태의 행사였지만 제목에 맞게 거창하고 어딘가 있어 보여야 했다. 그리하여 우리는 어딘의 이름에서 U와 D를 따와 가짜 소속사를 만들었다. 대이야기 시대의 문을 여는 일은 마땅히 기록되어야 할 일이었으므로 1만 원의 참가비를 걷어 영상 기록과 편집을 할 친구를 섭외했다. 최대한 많은 사람을 부르고 싶었지만 코로나

각자의 방식으로 모험하며 살아간다

19 확산에 따른 사회적 거리두기로 그리할 수 없어 인원 제한을 두고 온라인으로 라이브 방송을 송출했다.[39] 대서특필되어야 했으므로 매체 기자들도 불렀다. 순간을 기억하고 널리 알려줄 인플루언서를 비롯한 동료, 친구들을 불렀다. 어딘글방에서 함께 글을 쓰던 구성원들도 초대했다. 글을 쓰는 사람이 많은 행사였으므로 향후 파트너가 될지도 모르는 출판사 편집자도 불렀다. 세 권의 책을 함께 만든 편집자와 마케터도 기쁘게 초대했다.

『간지럼 태우기』(2018)라는 독립 출판물을 쓴 양다솔은 누구보다 끝내주는 금발 머리와 입담으로 좌중을 휘어잡았고, 어딘은 지금 왜 '대이야기 시대'가 필요한지 설명했다. 각자의 글에 대해 구성원 모두가 N분의 1의 몫을 가지고 합평하며 글쓰기 훈련을 했던 이들이 자라, 이야기가 지닌 평등한 힘을 가지고 자신의 이야기를 세상의 이야기로 확장해내고 있다고 어딘은 말했다. 다울과 슬아와 나는 글방에서 했던 것처럼 각자의 글에 대해, 글들을 엮은 책에 대해 말했다. 부러움과 질투와 시샘을 꾹꾹 눌러 담아, 감탄과 사랑과 존경을 잊지 않고 말이다. 슬아의 글이 자신을 넘어 세상과 세계로 확장되었다고, 그래서 나는 슬아의 책 중에 이 책이 가장 맘에 든다고 슬아를 쳐다보지 않고 말했다. 또한 오늘 이 행사에 다울이 있어서, 그가 쓴 책이 있어서 정말이지 다행이라고 다울을 쳐다보지 않고 말했다. 이길보라가 '해보지 않으면 알 수 없어서', '괜찮아, 경험'을 말하며 주저하지 않고 해볼 것을 제안하고, 이슬아가 '재능과 반복', '부지런한 사랑'이라는 표현으로 부지런히 반복하는 것이 곧 재능이라고 할 때, 이다울은 그런 체력을 가지지 못한 사람도 있다고 말하며. 모두의 몸이 시도하고 반복할 수 있는 몸은 아닐 수도 있다고 바로잡았고, 우리가 놓치고 있는 것에 대해 물었다. 이날 다울은 쓰러지지 않기 위해 충분한 체력 관리를 했다. 청심환을 한 알 먹고 행사에 임했다. 차례가 되자 가방 속에서 '레이지 글래시스^{Lazy Glasses}'를 선보였다. 누워서 책을 읽거나 TV시청을 하거나 핸드폰 게임을 할 수 있는 도구라고, 이것으로 천장의 무늬를 들여다본다고 했다. 매일같이 달라지는 몸을 들여다보며 그에 맞는 도구와 기기를 찾아나간다고, 그리하여 '투병'이라는 단어 옆에 '치병'이라는 단어도 있다고 말한다. 아픈 시간은 쓸모없는 것이라 생각하고 모든 계획을 완치 이후로 유예하는 것이 아닌, 아픈 상태를 받아들이고 살아나가려는 마음가짐을 가지게 되었다고, 통증을 싸워야 할 대상으로 보는 것이 아니라 다스리고 관찰하자고 말한다.[40]

다른 몸에는 다른 언어가 필요하다. 기존의 언어는 '정상적인 몸'을 중심으로 만들어졌다, 기존 서사는 그 몸과 언어

각자의 방식으로 모험하며 살아간다

를 중심으로 썼였다. 이 세상에는 기록되지 않은 몸의 이야기가, 그를 설명할 다른 언어가 남아 있다. 우리에게는 더 많은 몸의 서사와 그에 맞는 언어가 필요하다. 다울은 침대에 누워 천장의 무늬를 바라보며 침대 위에서의 낭독회와 파티, 배달이 가능한 전시회의 가능성을 묻는다. '아픈 몸'으로 규정되는 다른 몸에 대한 고민과 상상이 그의 글을 이루고 있었다.

여성이 '과학'의 렌즈로 세상을 바라본다면, 하미나

친구의 소개로 글을 쓰고 합평할 수 있는 공간을 찾아 여기까지 왔다고 말하던 미나의 얼굴이 생각난다. 우리는 글을 쓰는 것을 좋아하고 앞으로도 글을 쓰며 살고 싶은 20대 여성이었다. 미나는 이제 막 어딘글방에 들어온 멤버였고 나는 구성원 모두를 잘 아는 오래된 멤버였다. 설레는 표정으로 자신의 글을 들고 온 그는 종종 당혹스러운 표정으로 돌아가곤 했다. 글방을 다닌다는 것은 때때로 복잡한 마음이 드는 일이었다. 글을 함께 쓰고 서로의 글에 대해 합평하는 사람과 공간을 사랑하게 되는 일이었고 동시에 자신의 글과 그에 대한 합평을 받아들이면서 거리를 두는 일이기도 했다. 그건 모두의 숙제였다. 글방을 어떻게 자신의, 서로의 공간으로 만들어갈 것인가? 미나는 어딘글방을 오래 다니지 않았다. 그러나 글을 쓰고 사람들이 모이는 공간을 아주 그리워했다. 몇 년 후, 미나는 자신의 글방을 열었다. 필명 '하미나'를 줄인 '하마글방'을 시작했고, 글을 합평하며 글쓰기를 해온 경험을 녹여냈다. 7명을 정원으로 하는 이 강좌는 벌써 20기를 모집했으며, 신청이 시작되자마자 마감되는 인기 강좌다. 하마글방의 사람들은 미나를 중심으로 똘똘 뭉친다. 서로의 글을 읽고 아낌없이 비평하며 각자의 글쓰기 여정을 응원한다. 언젠가는 하마글방 이야기를 책으로 담고 싶다며 미나는 글방을 졸업한 이들의 후기를 기쁘게 공유한다.

하미나 작가는 2019년 《한겨레21》의 르포작가 지원 공모제에 '이해받지 못하는 고통, 여성 우울증'이라는 기획으로 당선되었다. "여성 우울증을 중심으로 전문가 집단의 서사와 여성 환자 당사자의 서사가 어떻게 충돌하는지 드러내려는 시도이며 젊은 국내 여성 연구자의, 페미니즘에 기반을 둔 지식사회학적 시도라는 점에서 큰 의미가 있다"라는 평을 받았다. 미나는 여성과 우울증을 주제로 한 논문으로 석사 학위를 받았고, 단독 저서 출간을 준비 중이다. 온라인 클래스 플랫폼인 CLASS101에서 '매력적인 글이란 무엇일까? 독자를 설득하는 글쓰기'라는 강좌도 열었다. 2021년부터는 《한국일보》의 젠더 관점으로 역사와 과학을 읽는 '젠더 살롱'에서 과학사 전공을 살려 글을 쓴다. 2030 여성의 건강 문제, 덜 눈에 띄는 여성의 산업재해 문제 등에 대해 격주로 연재하고 있다. 〈'정상성'이란 렌즈를 버리면 섹스란 이렇게 다채롭다〉라는 글에서 미나는 변화하는 환경에 살아남기 위해 끊임없이 변화하며 섹스하는 동식물에 관해 언급한다. 인간 역시 그중 하나일 뿐이라며 성별이분법, 이성애중심주의, 유성애중심주의에 대해 질문한다. 여성이 '과학'이라는 렌즈를 통해 세상을 바라보면 기존의 세계는 해체되고 재구성된다.

대학원을 졸업하고 취업 대신 글을 쓰며 살 것을 선택한 미나는 매일 읽고 쓰는 삶을 살기 위해 자신의 재능과 경험을 엮어 사람들이 만나는 공간을 온·오프라인으로 만들어낸다. 그건 글방과 강좌가 되기도 하고, 30대 여성이 무슨 과학을 논하냐며 거세게 비판받지만 동시에 환영받는 공론의 장이 되기도 한다. 오늘도 미나는 자신이 짠 판 위에서 삶을 더 풍요롭고 편안하게 살 수 있는 도구로 글쓰기를 가르치고 글을 쓴다.

'보라글방'을 열며

앞서 언급한 이슬아, 이다울, 하미나는 글방을 운영한다.

어딘글방의 방식을 이어받아 어린이와 청소년, 여성, 청년과 함께 글을 쓰고 합평한다. 얼마 전에는 어딘글방의 훌륭한 글방지기이자 나의 첫 영화 〈로드스쿨러〉의 주인공인 안담이 '무늬글방'을 열었다. 미학을 전공하고 졸업 후에는 주로 논술 첨삭을 해 번 돈으로 연극을 하고 글을 쓴다고 당당하게 말하던 친구다. 담은 요리에도 아주 능한데 비정기적으로 비건 밥집을 열어 모두를 위한 훌륭한 밥상을 차려낸다. 그가 만든 요리처럼 아주 맛스럽게 챙겨낼 무늬글방 수강생들이 부러워진다.

친구이자 동료인 이들이 글방을 열었다는 소식을 들을 때면 종종 생각했다. 나도 언젠가 글방을 하게 될까? 슬아나 다울, 미나, 담처럼 좋은 길잡이가 될 수 있을까? 그건 언제가 될까? 어딘은 말했다. 선생이 되는 때는 따로 있지 않다고, 누군가 찾아와 스승이 되어달라고, 선생이 되어달라고 하면 그때가 바로 글방을 열 때라고.

얼마 전, 영화 〈기억의 전쟁〉을 보고 자체적으로 공동체 상영을 조직한 20대 여성들이 책 『해보지 않으면 알 수 없어서』를 읽고 '만나지 않으면 알 수 없어서'라는 행사를 열었다. 코로나19로 만나기가 여의치 않으니 사회적 거리두기 단계가 완화되기를 기다리는 동안 책을 읽고 그에 대한 독서 노트를 작성해 책과 독서 노트를 돌려 읽는 프로젝트를 연

것이다. 독자들이 직접 꾸린 저자와의 만남으로 이어졌다. 책에 대한 이야기로부터 출발해 자유와 용기, 사랑에 대해 이야기하다 이런 자리가 계속해서 있었으면 좋겠다고, 연결되어 있음을 느낄 수 있는 자리가 필요하다고 말했다. 누군가 물었다.

"작가님은 어떻게 계속해서 쓰세요? 저도 그러고 싶어요."

계속해서 쓸 것, 가능하다면 동료들과 합평하면 좋다고 말했지만 그런 공간이 어디에 있느냐는 질문에 말을 줄였다. 모두가 나를 쳐다보았다. 나의 다음 말을 기다렸다. 어딘의 말이 생각났다. 사람들이 찾아와 글을 쓰고 싶다고, 공간을 열어달라고 하면 글방을 열어야 한다는 그 말이.

그렇게 '보라글방'을 열기로 했다. 세상을 조금 더 내 쪽으로 향하게 만들려면 더 많은 '내 편'이 필요하다. 홀로 글을 쓰는 건 세상을 천천히 바꾸겠지만 더 많은 이들이 글을 쓴다면 세상을 조금 더 빨리 바꿀 수 있을지도 모른다. 아니, 세상을 다채롭게 한다면 그로도 충분하다. 글방에서 배운 건 그런 거였다. 공평하고 평등하게 돌아가며 각자의 시선에서 말하기, 남들과 같은 몫을 가지고 사유하고 글 쓰기, 내 앞에 앉은 당신의 떨림과 설렘을 마주 보기, 혹독한 비평에 곤란해하는 이들에게 다음을 위한 가능성을 제시하기, 날선 비평에도 당황해하지 않고 기분 나빠하지 않기, 나에 대한 비평이 아니라 글에 대한 비평임을 받아들이기, 나만을 위한 글이 아니라 랑을 위한, 슬아를 위한, 다울을 위한, 미나를 위한, 담을 위한, 어딘을 위한, 그들을 독자로 상정하는 글 쓰기, '나'가 '너'가 되어보는 시도들.

그리하여 나는 쓰고 그리고 찍고 노래하고 춤추는 내 쪽의 사람들을 나의 방식대로 만들어보려 한다. 너와 내가 살아가는 오늘과 내일을 만들기 위해, 각자의 해방 서사를 고민하며, 버지니아 울프의 『자기만의 방』을 읽으며, 연간 500파운드의 돈은 어떻게 마련할지 상상하며, 이곳에서 자란 누군가가 글을 도구로 생을 들여다보고 자신만의 방법으로 살아갈 수 있기를 바란다. 누군가를 이어 내가 말했듯 나를 이어 당신도 말하고 글 쓰고 외칠 수 있게 되기를.

주

1   데프 필름은 대개 사운드트랙이 없다. 관객이 '듣는 사람'이
    아닌 '보는 사람'이기에 사운드가 아닌 시각 중심으로 이야기
    를 전개한다. 데프 필름은 기존 청인 중심 영화와는 다른 문법
    을 지닌다. 시청각매체인 영화에서 '청각'이 사라졌을 때 영화
    는 또 다른 가능성을 지닌다. 그러나 영화를 만드는 주체와 예
    상 관객, 매체의 특성이 달라졌을 뿐 이야기를 풀어낸다는 미
    디어라는 점은 동일하여 다양한 소재와 장르를 망라한다. 농
    인의 천국이라 불리는 미국에는 데프 필름을 전문으로 만드
    는 제작사 및 배급사가 있다. 2011년 미국의 지역 사회 조사
    American Community Survey에 따르면 미국 인구의 3.6퍼센트인 약 1,100
    만 명이 청각장애를 갖고 있는 것으로 추산되는데 이는 농 콘

텐츠의 충분한 수요를 형성한다. 매해 시카고, 로체스터, 워싱턴 D.C. 등 미국 전역에서 여러 데프필름페스티벌(농영화제)이 열리기도 한다. 영화 〈반짝이는 박수 소리〉도 2020년 미국 시애틀 데프필름페스티벌에 초청되었다. 아시아 지역에는 홍콩과 일본, 대만 등에 농영화제가 있다. 한국에는 가치봄영화제(구 '장애인영화제')와 서울장애인인권영화제, 제주국제장애인인권영화제, 인천장애인인권영화제가 있으며 이곳에서 종종 데프 필름을 관람할 수 있다.

2   이 두 문장은 저자와 코다코리아 멤버의 농인 부모가 사용하는 문자언어 표현을 차용한 것이다. 한국수어는 한국어와 다른 문법 체계를 지닌다. 수어를 모국어로 하는 농인은 종종 다른 방식으로 문장을 만든다. 앞 문장은 '수어와 얼굴 표정을 사용하고 입으로 말하면 짧게 말할 수 있어 좋다. 청인은 (비효율적으로) 음성언어를 길게 해서 불편하다'라는 뜻이고, 이어지는 문장은 '맞다. 정말 왜 입만 사용하는지… 손(수어)을 사용한다면 편하고 재밌고 좋다'라는 뜻이다.

3   권김현영, 『늘 그랬듯이 길을 찾아낼 것이다』, 휴머니스트, 2020, 141쪽.

4   이 글은 2006년 10월 22일 자 《한겨레》 오피니언 〈삶의 창〉 칼럼에 실렸다.

5   2016년 9월 보건복지부가 '불법 인공임신중절'에 대한 처벌을

강화하는 의료법 개정을 예고했다. '비도덕적 진료행위'라는 항목으로 '임신중절'을 추가하고, 시술한 의료인의 자격 정지를 1개월에서 1년으로 늘리겠다는 내용이었다.

6   한국 '낙태죄'의 역사는 일본 형법을 조선에 적용해 1912년 시행된 '조선형사령'으로부터 시작한다. 해방 이후인 1953년 법전편찬위원회가 내놓은 형법에는 1년 이하의 징역형 또는 2만 원 이하의 벌금형(여성), 2년 이하의 징역형(의료진)이라는 '낙태죄' 조항을 포함하고 있었으며 당시 '낙태죄'는 인구 조절을 위한 수단 가운데 하나로 인식되었다. 1973년 제정된 '모자보건법' 제8조(현재 제14조)에는 "정신장애나 신체질환, 전염성 질환이 있는 경우나 강간에 의한 임신, 혈족 또는 인척간의 임신, 엄마의 건강을 해하거나 해할 우려가 있는 경우 등"에 한해 임신중지를 제한적으로 허용하는 조항이 포함되어 있다. 이 모자보건법은 일본의 '우생보호법'을 모방하여 만들어졌다. 그러나 일본의 우생보호법은 임신중지를 허용하는 조건 가운데 하나로 '경제적 이유'가 포함되어 있었지만 한국의 모자보건법은 그렇지 않다. 1970년대 이후 인구를 줄이기 위해 산아제한 정책이 추진되면서 낙태는 암묵적으로 비범죄화되어 사문화되었지만 1985년 대법원의 판결로 '낙태죄'는 부활되었다. 이처럼 임신중지는 때에 따라 범죄화되기도 하고 국가 경제와 성장에 이바지하는 공신이 되기도 했다.

7 이 글은 2020년 10월 22일 자 《한겨레》 오피니언 코너의 〈숨&
결〉 칼럼에 실렸다.

8 이 글은 2017년 1월 14일 자 《한겨레》 오피니언 코너의 〈삶의
창〉 칼럼에 실렸다.

9 1932년 맥글라슨[McGlasson]과 퍼킨스[Perkins]라는 산파(조산사) 단체
가 최초의 종 모양 생리컵 특허를 냈다. 1937년 미국 배우 리
오나 차머즈[Leona W. Chalmers]가 라텍스 고무 재질의 생리컵의 상품
화를 위한 특허를 받았다. 국내에는 의약외품 허가를 받은 생
리컵이 없어 해외 사이트를 통해 직접 구매하거나, 해외여행
을 갔을 때 구매하는 경우가 대다수였다. 2016년 생리대의 대
안으로 생리컵이 급부상하자 몇몇 업체가 생리컵 개발 사업
을 시작하지만 2016년 7월 식품의약품안전처는 의약외품 품
목 허가·신고 심사 규정에 따라 생리컵 판매를 금지한다. 많
은 여성들이 '안전'도 '해외직구' 해야 하냐며 반발했고, 여성
의 몸과 생리에 관한 '본격 생리 탐구' 다큐멘터리 영화 김보람
감독의 〈피의 연대기〉(2017)도 만들어졌다. 2017년 12월, 식품
의약품안전처는 생리컵의 사용을 국내 최초로 허가했다.

10 이 기사는 2018년 6월 23일 《한겨레》 〈삶의 창〉 코너에 〈푸시
펜던트와 노브라〉라는 제목으로 실렸다. 원 제목은 '보지 목걸
이와 노브라'였으나 다양한 연령대의 사람들이 보는 일간지라
언어 순화가 필요하다는 데스크의 요청이 있었다. "아니, 보지

가 뭐 어때서요?" 하고 반문했지만 구독 중지가 많아 경제적
으로 어렵다는 담당 기자의 말에, 내용은 그대로 두고 제목만
'푸시 펜던트와 노브라'로 순화했다.

11 '보지'에 대한 어원은 어디로부터 시작되었는지 의견이 분분
한데 성기의 형태를 묘사한 '八子(바즈)'라는 중국어가 변음되
어 '보지'로, '鳥子(댜오즈)'가 변음되어 '자지'가 되었다는 주장
이 있다. 같은 생식기를 부르는 호칭인데도 '자지'보다 '보지'
를 부를 때 더 당혹스러워하는 사회적 분위기가 있다. 어떤 이
들은 이를 순화해 '잠지'라고도 부른다.

12 송진식 기자, 〈'영끌'이 밀어올린 집값, 누가 이익을 봤을까〉,
《경향비즈》, 2020년 10월 2일 자.

13 '자본주의가 낳은 세대'의 약자.

14 2020년 서울시 '청년정책 협력포럼'의 메인 세션인 '제도 안의
청년, 사회 밖의 청년'에서 최미랑 《경향신문》 기자가 "[소득]
투자 아닌 무엇이 희망일 수 있을까"라는 제목으로 발표했다.

15 14와 같음.

16 김초엽·김원영, 『사이보그가 되다』, 사계절, 2021, 217쪽.

17 안희제, 〈클럽하우스의 틈새에서〉, 《비마이너》, https://www.
beminor.com/news/articleView.html?idxno=20741

18 Mike Isaac, "Facebook Is Said to Be Building a Product to
Compete With Clubhouse", *The New York Times*, https://www.

nytimes.com/2021/02/10/technology/facebook-building-
product-clubhouse.html

19 16과 같은 책, 188쪽.

20 농통역사는 수어를 습득하지 못하거나 홈사인을 사용하는 농
    인과 청인 수어통역사의 의사소통 상황에서 원활하게 메시지
    를 전달하는 중계자로서 체계적으로 의사소통을 촉진하는 일
    을 한다.

21 "내가 이러려고 한국에 태어났나"라는 2016년 11월 4일 박근
    혜·최순실 게이트에 대한 박근혜 대통령의 대국민 사과에서
    나온 표현으로, 이 대국민 사과는 TV로 생중계되었으며 그날
    보도 뉴스와 다음 날 주요 일간지에서는 헤드라인으로 "이러
    려고 대통령 했나 자괴감 들어"라는 발언으로 실렸다. 이 표현
    은 "내가 이러려고 …했나"라는 유행어로 번졌다.

22 2015년 11월 10일 박근혜 전 대통령은 국무회의에서 "바르게
    역사를 배우지 못하면 혼이 비정상이 된다"라는 발언을 해 큰
    논란이 되었다.

23 이길보라·이현화·황지성, 『우리는 코다입니다』, 교양인,
    210~219쪽. '사회적 소수자'라고 호명하는 것에 불편함을 느
    낀다. 이 책에서 '소수'와 '다수'의 정의는 누가 어떻게 내리는
    지에 대해 문제를 제기하고 있다.

24 한국에는 '한국수어'와 '수지한국어'가 있다. 한국수어는 언어

로서 고유의 문법이 있어 아기가 자연스레 익힐 수 있는 수어
로 영어로는 'Sign Language'라고 한다. 수지한국어를 영어로
는 'Signed Korean'이라 표현하고, 이를 '한국어대응수어', '문법
식 수어', '국어식 수어', '청인식 수어', '아식 수어'라고 부른다.

25 청각장애로 분류되는 장애(1~6급)를 가진 이들을 '청각장애
인'이라 부르고 이들 중 농문화 속에서 한국수어를 일상어로
사용하는 이들을 '농인'이라 부른다. 청각장애인으로 등록된
이들 중에 농인이 얼마나 되는지에 대한 통계는 아직까지 없다.

26 2019년 보건복지부 장애인 등록 통계 기준.

27 2020년 12월 31일 국가공인 민간자격 수화통역사 시험을 관
리하고 있는 기관인 사단법인 한국농아인협회 기준.

28 원어로는 'Signed English'라 표기하고, '수지한국어'와 같이 음
성언어의 문법과 어순에 맞춰 수어 단어를 배치하는 소통 방
식을 일컫는다. 미국수어와 다르다.

29 원성옥, 「한국 수화 발전 기본 계획 수립 연구」, 2014.

30 탈시설장애인당은 '가짜 정당'임을 내걸고 3월 25일 이전에 자
진 해산할 예정이라는 선언과 함께 캠페인을 시작했다. 하지
만 선거관리위원회가 등록된 정당이 아닐 경우 명칭에 정당임
을 표시하는 문자를 사용해서는 안된다며 공직선거법 및 정당
법 위반으로 처벌할 수 있다고 벌금 액수를 고지했다. 이에 탈
시설장애인당은 "이름에 당이 들어갔다는 이유만으로 법 위

반이라면 식당이나 성당도 문제가 된다"라며 가짜라고 명확히 밝혔는데도 활동을 못 하게 하는 게 선거법이라면 그 법은 바꿔야 한다고 강조했다.

31 탈시설장애인당의 "누구도 배제되지 않는 서울시"를 위한 2021년 서울시장 보궐선거 장애인정책 11대 요구안을 비롯한 정책자료집은 탈시설장애인당의 누리집(www.drparty.or.kr)에서 내려받을 수 있다.

32 영화진흥위원회, 「KOFIC 리포트 2019: 2018년 한국 영화산업결산 보고서」, 2019. "사. 한국영화 성인지 통계" 중 발췌.

33 앨리슨 버틀러, 김선아·조혜영 옮김, 『여성영화: 경계를 가로지르는 스크린』, 커뮤니케이션북스, 2011.

34 32와 같은 보고서에서 인용.

35 조혜영, 「한국영화 성평등 정책 수립을 위한 연구」, 영화진흥위원회, 2020.

36 "영진위 '성평등 지수 정책(여성 가산점 제도)'에 이의를 제기합니다"라는 청원은 2020년 12월 22일 청원을 시작하여 2021년 1월 21일에 마감되었고 총 624명이 참여했다. https://www1.president.go.kr/petitions/594919

37 35와 같은 연구서에서 인용.

38 이슬아, 〈재능과 반복〉, 《경향신문》, 2020년 6월 16일 자.

39 이 영상은 이슬아 유튜브 채널에 '이슬아×이다울×이길

보라 북토크'라는 제목으로 업로드되어 있다. https://bit.
ly/2Rk20Y6

40 김윤주 기자, 〈이다울 "왜 아픔의 이야기는 알려지지 않을까
요?"〉,《월간 채널예스》, 2020년 12월 호.

책에 실린 글들의 출처

이 책은 《한겨레》〈삶의 창〉,〈숨&결〉 칼럼에 연재한 글과 경기도장애인복지종합지원센터의 뉴스레터인 《장애인정보 누림》에 실은 글을 바탕으로 하여 썼다.

"'나'의 바깥과 어떻게 만날까"는 '어딘의 연연'에 실은 〈'나'와 '너' 사이〉를, "듣는 대신 볼 권리"는 《비마이너》에 실은 〈농인도 쉽게 이해하는 재밌는 정치 이야기'를 만들다〉를 기초로 했다. "탈시설장애인당, '진짜' 정당이 되려면"은 《경향신문》〈이길보라의 논픽션의 세계〉에 실은 〈탈시설장애인당의 반란〉을, "장애인 세계 만들기"는 《시사IN》 703호에 같은 제목으로 실은 글을 바탕으로 했다. "시도하고, 시도하고, 또 시도하고"는 2020년 서울시 '청년정책 협력포럼'의 메인세션 '제도 안의 청년, 사회 밖의 청년'에서 발표한 글 「시도와 경험의 자리」를 고쳤다. 책으로 엮으며 모든 글을 다시 썼다.